f

Weihnachten bei uns daheim

Erzählt von
Bettina von Arnim · Walter Benjamin
Gottfried Benn · Matthias Claudius
Wilhelmine Corinth · Annette von Droste-Hülshoff
Hans Fallada · Theodor Fontane
Johann Wolfgang von Goethe · Heinrich Heine
Hermann Hesse · Erich Kästner
Käthe Kollwitz · Thomas Mann
Adelheid Mommsen · Friedrich Nietzsche
Fritz Th. Overbeck · Rainer Maria Rilke
Peter Rosegger · Caroline Schlegel
Wolfdietrich Schnurre · Julius Stinde
Theodor Storm · Ludwig Tieck
und Robert Walser.

Herausgegeben von Hilke Dethlefs

kiefel

Die Deutsche Bibliothek – CIP-Einheitsaufnahme

Weihnachten bei uns daheim / erzählt von
Bettina von Arnim ...
Hrsg. von Hilke Dethlefs. – Gütersloh : Kiefel, 1998
ISBN 3-579-05608-5

ISBN 3-579-05608-5
© Kiefel/Gütersloher Verlagshaus, Gütersloh 1998

Umschlaggestaltung: Init, Bielefeld
unter Verwendung des Bildes von Robert Beyschlag:
»Weihnachtsabend in der Dachstube«. AKG, Berlin.
Reproduktion: Peter Karau, Bochum
Satz: Fotosetzerei Steggemann, Herford
Druck und Bindung: Clausen & Bosse, Leck
Printed in Germany

Inhaltsverzeichnis

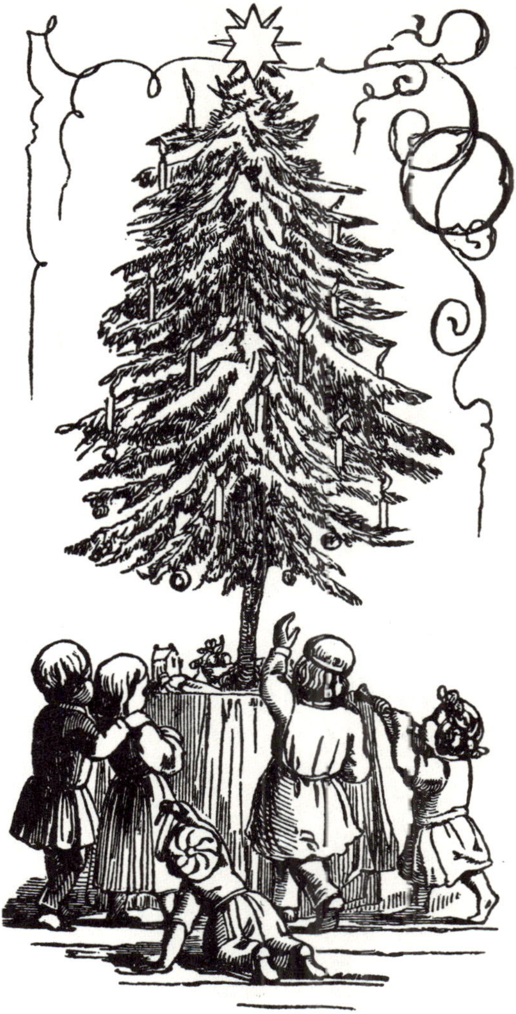

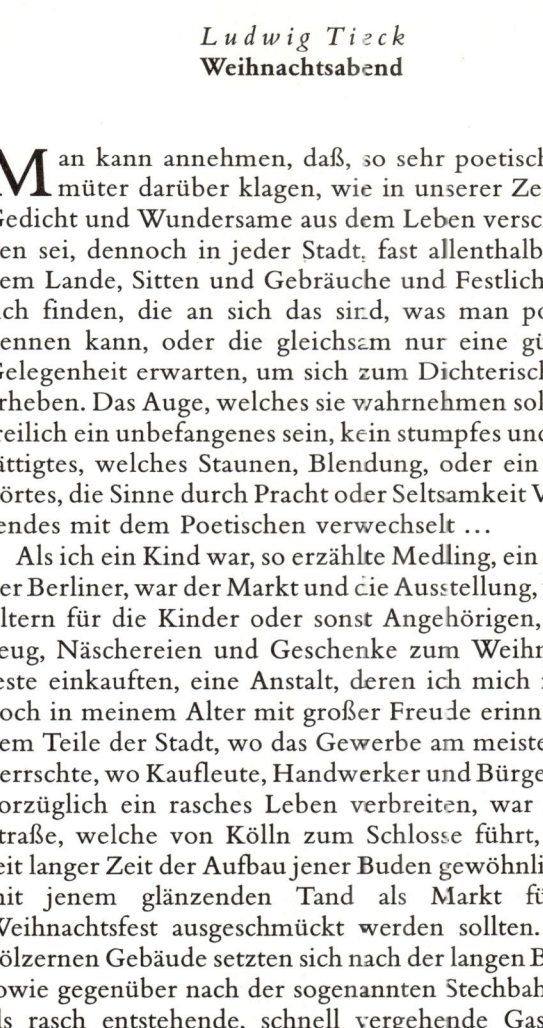

Ludwig Tieck
Weihnachtsabend

M an kann annehmen, daß, so sehr poetische Ge-
müter darüber klagen, wie in unserer Zeit alles
Gedicht und Wundersame aus dem Leben verschwunden sei, dennoch in jeder Stadt, fast allenthalben auf
dem Lande, Sitten und Gebräuche und Festlichkeiten
sich finden, die an sich das sind, was man poetisch
nennen kann, oder die gleichsam nur eine günstige
Gelegenheit erwarten, um sich zum Dichterischen zu
erheben. Das Auge, welches sie wahrnehmen soll, muß
freilich ein unbefangenes sein, kein stumpfes und über-
sättigtes, welches Staunen, Blendung, oder ein Uner-
hörtes, die Sinne durch Pracht oder Seltsamkeit Verwir-
rendes mit dem Poetischen verwechselt ...

Als ich ein Kind war, so erzählte Medling, ein gebor-
ner Berliner, war der Markt und die Ausstellung, wo die
Eltern für die Kinder oder sonst Angehörigen, Spielzeug, Näschereien und Geschenke zum Weihnachts-
feste einkauften, eine Anstalt, deren ich mich immer
noch in meinem Alter mit großer Freude erinnere. In
dem Teile der Stadt, wo das Gewerbe am meisten vor-
herrschte, wo Kaufleute, Handwerker und Bürgerstand
vorzüglich ein rasches Leben verbreiten, war in der
Straße, welche von Kölln zum Schlosse führt, schon
seit langer Zeit der Aufbau jener Buden gewöhnlich, die
mit jenem glänzenden Tand als Markt für das
Weihnachtsfest ausgeschmückt werden sollten. Diese
hölzernen Gebäude setzten sich nach der langen Brücke,
sowie gegenüber nach der sogenannten Stechbahn fort,
als rasch entstehende, schnell vergehende Gassen. –

Vierzehn Tage vor dem Feste begann der Aufbau, mit dem Neujahrstage war der Markt geschlossen, und die Woche vor Weihnacht war eigentlich die Zeit, in welcher es auf diesem beschränkten Raum der Stadt am lebhaftesten herging, und das Gedränge am größten war. Selbst Regen und Schnee, schlechtes und unerfreuliches Wetter, auch strenge Kälte konnten die Jugend wie das Alter nicht vertreiben. Hatten sich aber frische und anmutige Wintertage um jene Zeit eingefunden, so war dieser Sammelplatz aller Stände und Alter das Fröhlichste, was der heitere Sinn nur sehen und genießen konnte, denn nirgends habe ich in Deutschland und Italien etwas Ähnliches wiedergefunden, was damals die Weihnachtszeit in Berlin verherrlichte.

Am schönsten war es, wenn kurz zuvor Schnee gefallen und bei mäßigem Frost und heiterm Wetter liegen geblieben war. Alsdann hatte sich das gewöhnliche Pflaster der Straße und des Platzes durch die Tritte der unzähligen Wanderer gleichsam in einen marmornen Fußboden verwandelt. Um die Mittagsstunde wandelten dann wohl die vornehmeren Stände behaglich auf und ab, schauten und kauften, luden den Bedienten, welche ihnen folgten, die Gaben auf, oder kamen auch nur wie in einem Saal zusammen, um sich zu besprechen und Neuigkeiten mitzuteilen. Am glänzendsten aber sind die Abendstunden, in welchen diese breite Straße von vielen tausend Lichtern aus den Buden von beiden Seiten erleuchtet wird, daß fast eine Tageshelle sich verbreitet, die nur hie und da durch das Gedränge der Menschen sich scheinbar verdunkelt. Alle Stände wogen fröhlich und lautschwatzend durcheinander. Hier trägt ein bejahrter Bürgersmann sein Kind auf dem Arm, und zeigt und erklärt dem laut jubelnden Knaben alle Herrlichkeiten. Eine Mutter erhebt dort die kleine Tochter, daß sie sich in der Nähe die leuchtenden Puppen, deren Hände und Gesicht von Wachs die Natur anmutig nachahmen, näher betrachten könne. Ein Kavalier führt die geschmückte Dame, der Geschäftsmann läßt sich gern von dem Getöse und Gewirr betäuben, und vergißt seiner Akten, ja selbst der jüngere und ältere Bettler erfreut sich dieser öffentlichen, allen zugänglichen Maskerade, und sieht ohne Neid die ausgelegten Schätze und die Freude und Lust der Kinder, von denen auch die geringsten die Hoffnung haben, daß irgend etwas für sie aus der vollen Schatzkammer in die kleine Stube getragen werde. So wandeln denn Tausende scherzend mit Plänen zu kaufen, erzählend, lachend, schreiend den süßduftenden mannigfaltigen Zucker- und Marzipangebäcken vorüber, wo Früchte, in reizender Nachahmung, Figuren aller Art, Tiere und Menschen, alles in hellen Farben strahlend, die Lüsternen anlacht: Hier ist eine Ausstellung wahrhaft täuschenden Obstes, Aprikosen, Pfirsichen, Kirschen, Birnen und Äpfel, alles aus Wachs künstlich geformt; dort klappert, läutet und schellt in einer großen Bude tausendfaches Spielzeug aus Holz in allen Größen gebildet, Männer und Frauen, Hanswürste und Priester, Könige und Bettler, Schlitten und Kutschen, Mädchen, Frauen, Nonnen, Pferde mit Klingeln, ganzer Hausrat, oder Jäger mit Hirschen und Hunden, was der Gedanke nur spielend ersinnt, ist hier ausgestellt, und die Kinder, Wärterinnen und Eltern werden angerufen, zu wählen und zu kaufen. Jenseits erglänzt ein überfüllter Laden mit blankem Zinn (denn damals war es noch gebräuchlich, Teller und Schüssel von diesem Metall zu gebrauchen), aber neben den polierten und spiegelnden Geräten, blinkt und leuchtet in Rot und Grün, und Gold und Blau, eine Unzahl regelmäßig aufgestellter Soldatesken, Engländer, Preußen und Kroaten, Panduren und Türken, prächtig gekleidete Paschas auf geschmückten Rossen, auch geharnischte Ritter und Bauern und Wald im Frühlingsglanz, Jäger, Hirsche und Bären und Hunde in der Wildnis. Wurde man schon auf eigene, nicht unangenehme Weise betäubt, von all dem Wirrsal des Spielzeuges, der Lichter und der vielfach schwatzenden Menge, so erhöhten dies noch durch Geschrei jene umwandelnden Verkäufer, die sich an keinen festen Platz binden mochten, diese drängen sich durch die dicksten Haufen, und schreien, lärmen, lachen und pfeifen, indem es ihnen weit mehr um diese Lust zu tun ist, als Geld zu lösen. Junge Burschen sind es, die unermüdet ein Viereck von Pappe umschwingen, welches an einem Stecken mit Pferdehaar befestigt, ein seltsam lautes Brummen hervorbringt, wozu die Schelme laut: »Waldteufel kauft!« schreien. Nun fährt eine große Kutsche mit vielen Bedienten langsam vorüber. Es sind die jungen Prinzen und Prinzessinnen des Königlichen Hauses, welche auch an der Kinderfreude des Volkes teilnehmen wollen. Nun freut der Bürger sich doppelt, auch die Kinder des Herrschers so nahe zu sehen: alles drängt sich mit neuem Eifer um den stillstehenden Wagen.

Jedes Fest und jede Einrichtung, so beschloß Medling seinen Bericht, wächst mit den Jahren, und erreicht einen Punkt der Vollendung, von welchem es dann schnell, oder unvermerkt wieder hinab sinkt. Das ist das Schicksal alles Menschlichen im Großen wie im

Kleinen. Soviel ich nach den Erinnerungen meiner Jugend und Kindheit urteilen darf, war diese Volksfeierlichkeit von den Jahren 1780 bis etwa 1793 in ihrem Aufsteigen und in der Vollkommenheit. Schon in den letzten Jahren richteten sich in näherm oder entfernteren Straßen Läden ein, die die teuern und gleichsam vornehmeren Spielzeuge zur Schau ausstellten. Zuckerbäcker errichteten in ihren Häusern anlockende Säle, in welchen man Landschaften aus Zuckerteig oder Dekorationen, später ganz lebensgroße mythologische Figuren wie in Marmor ausgehauen, aus Zucker gebakken sah. Ein prahlendes Bewußtsein, ein vornehmtuendes Überbieten in anmaßlichen Kunstproduktionen zerstörte jene kindliche und kindische Unbefangenheit, auch mußte Schwelgerei an die Stelle der Heiterkeit und des Scherzes treten. Doch ist mit allen diesen neuern Mängeln, so endigte unser Freund seinen Bericht, diese Christzeit in Berlin, vergleicht man das Leben dieser fröhlichen und für Kinder so ahndungsreichen Tage, mit allen andern Städten, immer noch eine klassische zu nennen, wenn man das Klassische als den Ausdruck des Höchsten und Besten in jeglicher Art gebrauchen will.

Johann Wolfgang von Goethe
Christtag früh

An J. C. Kestner

Frankfurt, 25. Dezember 1772

Christtag früh. Es ist noch Nacht lieber Kestner, ich bin aufgestanden, um bei Lichte morgens wieder zu schreiben, das mir angenehme Erinnerungen voriger Zeiten zurückruft; ich habe mir Coffee machen lassen, den Festtag zu ehren, und will Euch schreiben bis es Tag ist. Der Türmer hat sein Lied schon geblasen, ich wachte drüber auf. Gelobet seist du Jesu Christ. Ich hab diese Zeit des Jahrs gar lieb, die Lieder, die man singt; und die Kälte, die eingefallen ist, machen mich vollends vergnügt. Ich habe gestern einen herrlichen Tag gehabt, ich fürchtete für den heutigen, aber der ist auch gut begonnen und da ist mir's fürs enden nicht Angst. Gestern nacht versprach ich schon meinen lieben zwei Schattengesichtern Euch zu schreiben, sie schweben um mein Bett wie Engel Gottes. Ich hatte gleich bei meiner Ankunft Lottens Silhouette angesteckt, wie ich in Darmstadt war, stellen sie mein Bett herein und siehe, Lottens Bild steht zu Häupten, das freute mich sehr, Lenchen hat jetzt die andere Seite, ich dank Euch Kestner für das liebe Bild, es stimmt weit mehr mit dem überein, was ihr mir von ihr schriebt als alles, was ich imaginiert hatte; so ist es nichts mit uns, die wir raten, phantasieren und weissagen. Der Türmer hat sich wieder zu mir gekehrt, der Nordwind bringt mir seine Melodie, als blies er vor meinem Fenster. Gestern, lieber Kestner, war ich mit einigen guten Jungens auf dem Lande, unsre Lustbarkeit war sehr laut, und Geschrei und Gelächter von Anfang zu Ende. Das taugt sonst nichts für die kommende Stunde, doch was können die heiligen Götter nicht wenden, wenns Ihnen beliebt, sie gaben mir einen frohen Abend, ich hatte keinen Wein getrunken, mein Aug war ganz unbefangen über die Natur. Ein schöner Abend, als wir zurückgingen, es ward Nacht. Nun muß ich Dir sagen, das ist immer eine Sympathie für meine Seele, wenn die Sonne lang hinunter ist und die Nacht von Morgen herauf nach Nord und Süd um sich gegriffen hat, und nur noch ein dämmernder Kreis vom Abend heraufleuchtet. Seht Kestner, wo das Land flach ist, ists das herrlichste Schauspiel, ich habe jünger und wärmer Stunden lang so ihr zugesehn hinabdämmern auf meinen Wandrungen. Auf der Brücke hielt ich still. Die düstre Stadt zu beiden Seiten, der still-leuchtende Horizont, der Widerschein im Fluß machte einen köstlichen Eindruck in meine Seele, den ich mit beiden Armen umfaßte. Ich lief zu den Gerocks, lies mir Bleistift geben und Papier, und zeichnete zu meiner großen Freude, das ganze Bild so dämmernd warm als es in meiner Seele stand. Sie hatten alle Freude mit mir darüber, empfanden alles, was ich gemacht hatte, und da war ichs erst gewiß, ich bot ihnen an, drum zu würfeln, sie schlugens aus und wollen, ich solls Mercken schikken. Nun hängts hier an meiner Wand und freut mich heute wie gestern. Wir hatten einen schönen Abend zusammen wie Leute, denen das Glück ein großes Geschenk gemacht hat, und ich schlief ein, den Heiligen im Himmel dankend, daß sie uns Kinderfreude zum Christ bescheren wollen. Als ich über den Markt ging und die vielen Lichter und Spielsachen sah, dacht in an Euch und meine Buben, wie Ihr ihnen kommen würdet, diesen Augenblick, ein Himmlischer Bote mit dem blauen Evangelio, und wie aufgerollt sie das Buch erbauen werde. Hätt ich bei Euch sein können, ich hätte wollen so ein Fest Wachsstöcke illuminieren, daß es in den kleinen Köpfen ein Widerschein der Herrlichkeit des Himmels geglänzt hätte. Die Torschließer kommen vom Bürgermeister und rasseln mit Schlüsseln. Das erste Grau des Tags kommt mir über des Nachbars Haus, und die Glocken läuten eine Christliche Gemeinde zusammen. Wohl ich bin erbaut hier oben auf meiner Stube, die ich lang nicht so lieb hatte als jetzt. Sie ist mit den glücklichsten Bildern ausgeziert, die mir freundlichen guten Morgen sagen. Sieben Köpfe nach Raphael, eingegeben vom lebendigen Geiste, einen davon hab ich nachgezeichnet und bin zufrieden damit, obgleich nicht so froh. Aber meine lieben Mädgen. Lotte ist auch da und Lenchen auch ...

Nun Adieu, es ist hell Licht. Gott sei bei Euch, wie ich bei Euch bin. Der Tag ist festlich angefangen. Leider muß ich nun die schönen Stunden mit Rezensieren verderben, ich tus aber mit gutem Mut, denn es ist fürs letzte Blatt.

Lebt wohl und denkt an mich das seltsame Mittelding zwischen dem reichen Mann und dem armen Lazarus. Grüßt mir die Lieben alle. Und laßt von Euch hören.

Matthias Claudius
Weihnachtsgaben

An seine Tochter Anna und deren Mann

Wandsbeck, den 28. Dezember 1798

Lieber, lieber Max und liebe, liebe Anna!
Das Kistel war den heiligen Abend morgens richtig
bei Perthes eingetroffen, und mit Carolinens und Perthes Weihnachtsgaben um 2 Uhr am Schweinemarkt
dem Christian übergeben worden, um abends 6 Uhr an
uns abgegeben zu werden. Hans war des Morgens mit
Christian nach Hamburg gefahren, um die Weihnachts-
kuchen, die Mama für Caroline mitgebacken hatte, und
die andern Geschenke abzuliefern, und sollte wieder
mit dem mehrbesagten Christian herausfahren, weil es
des entsetzlichen Schnees und Sturmes und Kälte
wegen lebensgefährlich zu gehen war. Als Hans
kommt, aufzusteigen, siehe, da hatte der Christian eine
Fuhre nach Billwärder angenommen, und Hans mußte
sich auf Petersens Schlitten embarkieren. Der Petersen
war besoffen, wirft auch den Hans richtig in den Schnee
um, der dann halberfroren und halb außer sich, und,
nachdem wir uns bei der immer zunehmenden Schnee-
jagd seinetwegen nicht wenig geängstigt hatten, endlich ankommt und erzählt von seiner Fahrt und von
Christian und den Sachen, die er bringen werde. Wir
waren mit Weihnachten für die Kinder nur schlecht
besponnen und wollten also Carolinens und Euren Suc-
curs gerne abwarten. Als es aber ³⁄₄ auf 8 geworden war,
wollten die Kinder nicht länger warten und vor Tische

17

abgefunden sein. Wir mußten also in unserer Blöße auftreten. Nach 9 Uhr ging ich zu Bette und $\frac{1}{2}$ 11 Mama auch und fürchteten im Ernst für Christian und für unsere Sachen und wahrsagten, wo es wohl in Schnee stecken und was wohl in dem Kistel sein möchte. Die Kinder saßen noch und warteten, und da klopfte es an die Tür, und Christian, Christian erscholl aus allen Munden. Er war richtig da, und die Sachen wurden, wie Schneeklumpen gestaltet abgebracht und uns Rapport darüber abgestattet. Ich und Mama standen den andern Morgen früh auf und packten Carolinens Korb auf dem großen Tisch rund um uns aus, und die Kinder wurden hereingerufen. Und als sie sich darüber satt erquickt hatten, gings an den Vaalser Kasten, und wir packten und lasen und besahen bis gegen 12 Uhr, und hatten einen sehr angenehmen Morgen. – Gott gebe Euch ein gesegnetes fröhliches Jahr, und sei mit Euch und mir Dir liebe Anna besonders. M.C.

Das Kistel war so locker und los, daß ich dachte: die Hälfte würde verloren oder beschädigt sein. Es hat aber nichts gefehlt, und ist außer das Pomadeglas zerbrochen und die Kuchen ein grober Heckerling waren, nicht beschädigt gewesen. Die Kuchenherzen waren ganz und schmeckten würzig und kräftig. Etwas fest sind sie wohl. Den 2. Feiertag waren die Perthes und Genossen hier. Caroline wollte auch mit der Agnese mitkommen und über Nacht bleiben. Aber sie war so vernünftig, zu Hause zu bleiben. Die Kälte ist entsetzlich und der Schnee halb Manns hoch. In den Baracken auf dem Hamburger Berge sollen 19 Menschen erfro-

ren sein. Eure Geschenke an Caroline nahm Perthes
mit. Peter hat das Unglück gehabt, daß ihm den 16. Xbr.
sein Viehhaus mit 65 Kühen und die Meierei abge-
brannt sind.

Auch ich habe eine recht innige Freude an Eurem
Kistel gehabt, lieber Max und liebe Anna. Es ist auch
alles so charmant, die Art wie, und die Geschenke nach
der Reihe, von meinem prächtig Tuch an bis auf das
bunte Papier, worin alles gewickelt war. Die Hoff-
mannschen Tropfen sind mir sehr lieb, die schöne
Pomade sehr angenehm, die Schokolade, Marsellen,
Kastanien aus Eurem Garten etc. etc. Alles, alles hat
mich gefreut, und denn noch die Krone darauf, das
schöne Verzeichnis, von Anfang bis Ende köstlich. Wir
wollen es Euch noch vorlesen, wenn Ihr herkommt.
Nehmet meinen herzlichen Dank für alles, Ihr lieben
Kinder. Gott segne Euch im neuen Jahre und gebe
Euch alles, was Euch gut ist und helfe Dir, meine liebe
Anna – – Das wünschet von ganzer Seele Eure Mutter

Rebecca Claudius

An seine Tochter Caroline und deren Mann

den 26. Xbr. 1799

Liebe Caroline und lieber Perthes!
Vielen großen Dank für mich, Mama, Guste, Tri-
nette, Hans, Rebecca, Fritz, Ernst und Franz. Es rüsten
sich zwar verschiedene zum Schreiben, weil man aber
nicht weiß, wie weit es damit gedeihen werde, so habe

ich auf alle Fälle die allgemeine Freude und Jubelei und Auspack-Rumor pp. zu notifizieren wollen und sollen. Alle Präsente werden schon gebraucht, in den Büchern wird gelesen, aus dem Teetopf ist gestern und heute getrunken, die Schnabelei wird schnabeliert usw. Die Dröscher dröschen, die Trompete trompetet, doch ist die letztere auf bestimmte Vorträge eingeschränkt ihrer schneidenden und unangenehmen Stimme halber.

Die Küchenplatten haben vorzüglichen Beifall gefunden, sind aber noch nicht angelegt.

Wenn das Wetter morgen sehr günstig wäre, sind die Demoiselles sehr geneigt, Deine Einladung anzunehmen.

D. M. C.

Caroline Schlegel
An Friedrich Wilhelm Schelling

Braunschweig, Sonnabend früh
den 20. Dezember 1800.

Anbei kommt ein großer echt englischer Überrock, der meinen Freund wärmen soll. Ein Weihnachtsgeschenk soll es nicht sein. Er war Dir schon lange bestimmt und besonders für das große Carneval berechnet, aber ich habe ihn nicht eher von Hamburg bekommen. – Wenn Dir nur halb so wohl darin ist als warm, so soll es mich freuen. Ich hab ihm befohlen, er soll sich recht an Dich herum schmiegen. – Die ersten Male wird er einige Haare lassen, und es wird an Deinen Röcken viel auszubürsten sein. Das gibt sich aber. – Sonst ist er unendlich bequem, und man hat doch die Arme darin frei, um eine Freundin zu umarmen. – Der blaue Mantel wickelt Dich ein wie den Grafen Egmont. O daß ich Dein Clärchen sein könnte!
Aber ich bin nur

Deine Caroline.

Heinrich Heine
Brief im Dezember

An Moses Moser

Verdammtes Hamburg d 14 Dez. 1825

Teurer Moser! Lieber gebenedeiter Mensch! … Da sitz ich nun auf der Abcstraße, müde vom zwecklosen Herumlaufen, fühlen und denken, u draußen Nacht u Nebel u höllischer Spektakel, und groß und klein läuft herum nach den Buden, um Weihnachtsgeschenke einzukaufen. Im Grunde ist es hübsch, daß die Hamburger schon $\frac{1}{2}$ Jahr im voraus dran denken, wie sie sich zu Weihnachten beschenken wollen. Auch Du, lieber Moser, sollst Dich über meine Knickrigkeit nicht beklagen können, u da ich just nicht bei Kasse bin u Dir auch kein ordinäres Spielzeug kaufen will, so will ich Dir etwas ganz Apartes zum Weihnacht schenken, nämlich das Versprechen: daß ich mich vor der Hand noch nicht totschießen will.

Wenn Du wüßtest, was jetzt in mir vorgeht, so würdest Du einsehen, daß dieses Versprechen wirklich ein großes Geschenk ist, und Du würdest nicht lachen, wie Du es jetzt tust, sondern Du würdest so ernsthaft aussehen, wie ich in diesem Augenblick aussehe …

Lebe wohl, schreib mir bald Antwort, und sei überzeugt, daß ich Dich liebe u sehr verdrießlich bin.

Dein ganzer Freund

H. Heine

Annette von Droste-Hülshoff
Weihnachtsbriefe

An Sophie von Haxthausen in Bökendorf

Rüschhaus, 27. Januar 1839, Sonntag

So ist der Januar beynahe zu Ende, und es sind fast zwey Monate hin, seit Du, liebes Herz, zuletzt mein altes schwarzes Sopha eingenommen hast, auf dem ich jetzt so einsamlich sitzen muß, und zwar nicht wo Du mich dir denkst, neben dem Küchenfensterchen, sondern in dem kleinen Zimmer was Marie bewohnte, – theils bekam es mir zu schlecht in der Kälte zu schlafen, theils war mein Zimmer auch so durchaus zum Fremden- und Wohnzimmer geworden, daß für mich keine Ruhe und Freude mehr darin zu finden war, so habe ich es Maman denn, für den Winter, gänzlich überlassen, obgleich sie es jetzt, wo ich heraus bin, auch fast nie benutzt, so daß es die meisten Tage über kalt und leer steht, indessen bin ich doch hier in Sicherheit, und gebe die größere Bequemlichkeit, das Clavier, und mein gewohntes Auf und Abgehen gern dafür auf bis zum Sommer. – wir sind hier schon ganz wohl, Alles beym Alten – die Hülshoffschen kranken Kinder bessern sich fortwährend ein klein klein wenig, wenn man sechs Wochen nicht dort gewesen ist, merkt man es doch ein Bischen – Mama ist heute hin mit einem großen Korbe voll Bonbon, und Zuckerbrezeln, womit sie nachträglich den *Weihnachten* nachholen will, außerdem giebt sie Jedem Geld, da die Kinder wieder so überreichlich sind bescheert worden, daß sie Nichts weiß was sie ihnen

23

noch kaufen könnte – es ist traurig, daß da Linchen
selbst eine so große Freude an niedlichen Sächelchen
hat, daß es ihr schwer wird sie ungekauft zu lassen, sie
diese Gelegenheit mit beyden Händen ergreift, und den
kleinen Kindern, Friedrich, Thereschen, Clemens,
Dinge giebt, die gleich in die Thaler gehn, z. b. kleine
Porcellanservischen, Puppenzimmer und Küchen,
wovon die Kinder noch gar kein Begriff haben, – es ist
auch Keins von ihnen mehr, was recht Freude an etwas
hat, und sie gehn so um mit den theuersten und nied-
lichsten Sachen, daß z. b. von den vorjährigen Weihnachtsgeschenken kaum eine Spur mehr da ist – die
Größeren bekommen zwar meistens Sachen zum
Gebrauch oder Aufheben, aber viel zu elegant, und es
freut sie auch nicht mehr. *Anna* z. b. hat, außer vielen
Kleidungsstücken, ein Etui mit Ohrringen und Ring
von Amethist, ein sehr elegantes Nähkistchen, und
zwey Mundtassen bekommen, nebst allerley andern
geringeren Niedlichkeiten, die ich nicht mehr weiß,
aber es war ein ganzer Kramladen voll …

Adieu, Deine Nette

An Therese von Droste-Hülshoff in Meersburg

Hülshoff, 5. Januar 1841, Dienstag

Liebe Mama, laß *Jenny* Dir diesen Brief doch vorlesen,
ich sehe mit Schrecken daß Du ihn nicht wirst lesen
können, weil das Papier so durchgeschlagen ist.
Ein glückseliges neues Jahr, meine liebe Mama, Dir,
und der lieben Jenny, und Laßberg, – die Kinderchen

nicht zu vergessen. Wir sind Alle, gottlob, wohl, und so
ziemlich in dem alten Train – obwohl unser kleines
Jüngelchen uns, wie Du denken kannst, noch überall
fehlt … Weihnachten waren die Kinder ganz glückse-
lig, – *Heinrich* bekam einen ganzen Jagdapparat – ein
neues Gewehr – Jagdtasche, Pulverhorn – Hagelbeu-
tel – Peitsche und Kuppel – sonst Kleidungsstücke –
Anna ein altes goldnes Ührchen, und auch Kleidungsstücke. – eine schwarze Kaputze mit Pelzrand, – einen
einfachen grauen Winterhut. Pelzhandschuh –
Schnupftücher, – Nachthauben – ein tägliches Kleid –
ein Hemd Schürzen – *Mäxchen und die Uebrigen* Alle viel
Kleidungsstücke, aber doch auch Spielsachen, worunter ein Kasten mit Klötzchen zum Bauen, und zwey
Kinderflinten jetzt eine lächerlich wichtige Rolle spielen. – denk Dir, jeden Abend wird ein großes Schloß
gebaut, was dann Heinrich, Max, und *Werner* à la tête
mit den Flinten niederschießen, es geht sehr langsam,
da die Klötzchen so schwer sind, daß jedes wohl zwanzig mahl muß getroffen werden, eh es nur auf die Seite
rückt, – dann ein lautes Geschrey »er hat sich bewegt! er
hat sich bewegt!« oder »er hat sich rund umgedreht!« –
ich muß zuweilen vor Lachen aus dem Zimmer gehn,
wenn ich meinen soliden Bruder so triumphiren höre,
als wenn er wenigstens eine Sau geschossen hätte, –
aber Werner ist wie toll darauf. – er kömmt Abends
eine halbe Stunde früher herunter, um das Schloß recht
kunstgerecht mit aufstellen zu helfen, und damit es ja
gleich nach Tische angehn kann. – ich wollte Du sähst
ihn mit seiner Kinderflinte, roth vor Hast um den Kopf
– es ist unbeschreiblich lächerlich – Line meint das Plai-
sir würde den ganzen Winter vorhalten. – *Madame* hat
auch eine schöne Haube bekommen, – einen gestickten

Kragen – et cet – *Wittower* ein sehr hübsches Dejeunée mit Goldrand. – er freute sich sehr darüber, da sie ihm an dem, was er, vor ein paar Jahren, in der Lotterie gewonnen, und in Gebrauch genommen, beym Waschen in der Küche allerley zerbrochen hatten, worüber er ungeheuer ärgerlich war – mit diesem soll es aber nicht so gehn! das will er wegschließen! – Madame hingegen sagte kein Wort, ich glaube sie hat was Anderes erwartet – etwa ein schönes seidenes Kleid, oder desgleichen – sie hielt zwar gut Contenançe, und zeigte keine üble Laune, aber auch mit keiner Silbe daß es sie freute. – sie ist doch eine kuriose Person, – zwar nicht schlimmer wie andre Französinnen, – gescheut – andächtig, – und wer es gut mit ihr stehn hat, kann sie um den Finger wickeln, – giebt auch sehr guten Unterricht … und bitte Dich, alle Freunde … zu grüßen von Deiner gehorsamen Tochter

Nette.

An Therese von Droste-Hülshoff in Rüschhaus

Meersburg, 28. Januar 1842, Freitag

Wir haben jetzt seit drey Wochen feste Schneebahn hier, liebste Mama, und diese weiße Decke die nicht wanken und weichen will erinnert mich doch etwas an die Schweiz, obwohl es nicht sehr kalt dabey ist – ich glaube in den härtesten Tagen nicht zehn Grad – zuweilen kommen sogar ganz laue Winde, die bey uns Thauwetter bringen würden, hier aber immer eine neue Lage Schnee, – Mit meiner Gesundheit geht es noch immer verhältnismäßig sehr gut, obwohl mich dieses Winterwetter natürlich etwas zurück setzt, und zuweilen wieder ein wenig Beklemmung et cet. bringt, – wenn ich aber bedenke wie es in den beyden letzten Wintern war, wo ich wochenlang den schrecklichen Husten und Auswurf mit Fieber hatte, so kann ich mein jetziges Befinden nicht genug rühmen. – ...

Weihnachten war große Freude hier, die Kinder wurden schon am Abend sehr reichlich, und in den folgenden Tagen von allen Seiten so übermäßig beschenkt, daß es mich fast gereute ihnen auch ein paar sehr hübsche Kleidchen von rothem Kattun gekauft zu haben, die sich ganz in dem Schwarm verlieren, – Ein Ehepaar *Burkhard,* Millionaire aus Basel, die Laßberg diesen Sommer in Ueberlingen kennen lernte, schickten für Laßberg eine prächtige Kappe von schwarzem Sammt, schwer mit Gold gestickt, für Jenny ditto Pantoffeln mit Gold gestickt, für die Kinder ebenfalls Pantoffeln, auf rothem und blauem Sammt mit Silber, ferner für Jedes einen Atlasbeutel, blau mit Gold, und roth mit Silber, voll der allerschönsten und theuersten Bonbons, und endlich noch Zwey Goldmünzen und einen Sedevacans Thaler von Zürich, auch für die Kinder. – *Stanz* brachte ihnen allerliebste chinesische Tassen, und wieder Zuckerwerk – Bruder *Carl* schickte Bilderbücher, und sehr hübsche perlemutterne Stricknadeln-holster, wie Fische geformt. – *Hugh* endlich seidene Schürzchen, sehr niedliche gefältelte Krägelchen, und einen ganzen Brast Spielsachen, Kühe, Hirten, Schafe, alle möglichen Küchengeräthe, et cet. – Am Weihnachtsabend hatten sie nun schon neue Mäntel bekommen, Merinoskleider Foulard Tücher, Bänder, Puppen, ein Caroussel, einen Papagey der die Flügel schlägt, und der ganze Baum hing

27

voll der schönsten Devisen, und Püppchen von Zucker-
pappe, Chocolate, et cet. die Laßberg hatte kommen
lassen. – Wir Andern wurden auch Alle reichlich
beschenkt, – *Laßberg* bekam von Jenny gestrickte
Unterjäckchen, und ein rothes Käppchen, von mir ein
Paar gestickte Pantoffeln und einen Sedevacanz Thaler,
von Schücking ein Exemplar seines Buchs über den
Cölner Dombau, und von Liebenau sehr seltene griechische und römische Münzen, und ein werthvolles
Manuscript. – Jenny von Laßberg ein schönes Merinos-
kleid, und ein Foulard Tuch, von mir einen seidenen
Sonnenschirm und ein Paar seidene Handschuh, von
Schücking Freiligraths Gedichte, – *Ich* von Laßberg ein
schönes Mousseline de Laine-Kleid, – braunroth – von
Jenny ein Umschlagetuch in der Art wie ihr eigenes,
schwarz mit Blumen, und ein Paar warme Pantoffeln,
von Schücking ein Pappkästchen. *Schücking* von Laßberg ein schönes englisches Perspectiv und viel Taback,
von Jenny zwey seidne Tücher und eine schwarze
Atlasweste, und von mir eine Cigarren-spitze. – Du
siehst es ist brillant zugegangen. – ich mußte immer an
Hülshoff denken, und wie den armen Werner und Line
wohl bey der Bescheerung zu Muthe seyn würde, – es
ist gewiß für die Beyden ein trauriger Weihnachten
gewesen, – mir stand das gute selige Kind auch immer
vor Augen, und Jenny und ich haben fast von nichts
Anderm geredet, wie wir den Christbaum machten. –
ich küsse Deine lieben Hände – Deine gehorsame
Tochter

Nette

Bettina von Arnim
Bescherung

An ihre Schwester Kunigunde von Savigny

L iebe Gunda!
Das kannst Du denken, daß Deine Kiste mit großer
Gewissenhaftigkeit uneröffnet blieb bis zum Augenblick der Bescherung. Jede genießbare Delikateß
wurde mit lautem Jubel empfangen, wir wollten recht
ein festlich Mahl halten und machten den Beding, daß
gar nichts solle verspart werden. Wie kam's nun, daß
wir mit einmal allesamt darauf vergaßen und keiner
mehr Appetit darauf hatte, sondern in dem plötzlich
alle Grenzen übersteigenden Jubel sich einer um den
andren drehte, Prügel austeilte, die ebenso begeistert
empfangen als gegeben wurden? Luftsprünge, die nur
mit größter Energie auszuführen, gelangen allen drei
Mädchen, als hätten sie lernen auf dem Seil zu tanzen,
und Friedmund mischte sich dazwischen mit kühnen
Fechterpositionen, indem er seine Oberkleider von
sich warf und mit beiden Armen weit ausgriff; sang
dazu: »Seid umschlungen, Millionen!« Dazwischen
tanzten sie wieder, schrien, jauchzten, tobten, daß die
Wände zitterten, umarmten sich und prügelten wieder
drauf los. Ich hab auch eine Menge Prügel erhalten, und
endlich freuten sie sich noch mehr, daß jeder seine Prügel fühle. Gisel behauptete, sie müsse braun und blau
sein, die andern ließen sich aber auch ihre Prügel nicht
verringern, kurz jeder war zufrieden mit dem, was er
erhalten habe; jeder war überzeugt, er habe das meiste
von dieser allgemeinen Prügelausteilung. Kann eine

Bescherung glücklicher vonstatten gehen? Ja, sie riefen: Nie haben wir ein so schönes Weihnachtsfest erlebt! Ausgeteilt wurde alles von Kuchen an das Hofgesinde; denn wir hatten keinen Appetit mehr, aller Geschmack war uns vergangen, aber Klopfen, Jauchzen, auf den Tisch pauken nahm kein Ende ...

Deine in der Empfindung ihres Glückes Dich doppelt liebende Schwester

Bettine.

Am Weihnachtsfest 1846
Ich grüße Euch alle herzlich.

Theodor Fontane
Weihnachten 1851

An Friedrich Witte

Berlin, d. 3. Januar 1851

Die Festtage über laborierten wir beide, Emilie und ich, an der Grippe. Der Weihnachtsabend war gemütlich, aber doch – dürftig; keiner hatte Geld, um dem andern mehr als ein Paar Handschuh und dergleichen zu schenken. Ich mußte daran denken, daß an *demselben* Abend meine Gedichte in wenigstens fünfzig bis hundert Prachtexemplaren auf verschiedenen Festtischen prangten; und doch, unter dem Weihnachtsbaum des Verfassers sah es derweil ärmlich genug aus. Zum Glück stört mich so was wenig. Ich weiß, daß das Leben sein bißchen Honig woanders saugt – und nur die Aussicht auf direkte Hungerleiderei verdirbt mir in den letzten Tagen meine sonst gute Laune. Adieu, mein lieber Witte, und *immer Kopf oben* wie ihr alter Freund

Th. Fontane

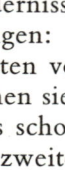

Weihnachtsfreuden

Naumburg, den 26. 12. 1856

Endlich ist mein Entschluß gefaßt, ein Tagebuch zu schreiben, in welchem man alles, was freudig oder auch traurig das Herz bewegt, dem Gedächtnis überliefert, um sich nach Jahren noch an Leben und Treiben dieser Zeit und besonders *meiner* zu erinnern. Möge dieser Entschluß nicht wankend gemacht werden, obgleich bedeutende Hindernisse in den Weg treten. Doch jetzt will ich anfangen:

Wir leben jetzt inmitten von Weihnachtsfreuden. Wir warteten auf sie, sahen sie erfüllt, genossen jene, und jetzt drohen sie uns schon wieder zu verlassen. Denn es ist schon der zweite Feiertag. Jedoch ein beglückendes Gefühl strahlt hell fast von dem einen Weihnachtsabend, bis der andre schon mit mächtigen Schritten seiner Bestimmung entgegeneilt. Doch ich will mit dem Anfange meiner Ferien auch den Anfang der Weihnachtsfreuden schildern. Wir gingen aus der Schule; die ganze Zeit der Ferien lag vor uns und mit diesen das schönste aller Feste. Schon seit einiger Zeit war uns der Zutritt an einige Orte nicht gestattet. Ein Nebelflor hüllte alles geheimnisvoll ein, damit dann desto mächtiger die Freudenstrahlen der Christfestsonne hindurchbrächen. Weihnachtsgänge wurden besorgt; das Gespräch wurde fast allein auf dieses geleitet; ich zitterte fast vor Freude, wenn das Herz jubelnd daran gedachte, und ich eilte fort, um meinen Freund Gustav Krug zu besuchen. Wir machten unsern Empfindungen Raum, indem wir bedachten was der morgende Tag für schöne Geschenke mit sich bringen werde. So verging der Tag in Erwartung der Dinge.

Der Tag erschien!

Schon leuchtete das Tageslicht in mein Schlafgemach, als ich erwachte. Was alles durchströmte meine Brust! Es war ja der Tag, an dessen Ende einst zu Bethlehem der Welt das größte Heil widerfuhr; es ist ja der Tag, an welchem meine Mama mich jährlich mit reichen Gaben überschüttet. Der Tag verfloß mit Schnekkenlangsamkeit; Pakete mußten von der Post abgeholt werden, geheimnisvoll wurden wir aus der Stube in den Garten vertrieben. Was mag während dieser Zeit dort vorgegangen sein? Dann ging ich in die Klavierstunden, in welche ich wöchentlich am Mittwoch einmal gehe. Ich hatte erst eine *Sonata facile* von Beethoven gespielt und mußte jetzt Variationen spielen. Nun fing es schon an zu dämmern. Die Mama sagte zu mir und meiner Schwester Elisabeth: Die Vorbereitungen sind fast zu Ende. Wie freuten wir uns da. Nun kam die Tante; wir begrüßten sie mit einem Gejauchze oder vielmehr Gebrüll, daß das Haus davon bebte. Das Mädchen meiner Tante folgte ihr und war noch zu Vorbereitungen dienlich. Zuletzt vor der Bescherung kamen die Frau Pastor Haarseim mit ihrem Sohn. Da, wer beschreibt unsern Jubel, öffnet die Mama die Tür! Hell strahlt uns der Christbaum entgegen und unter ihm die Fülle der Gaben! Ich sprang nicht, nein ich stürzte hinein und gelangte merkwürdigerweise grade an meinen Platz. Da erblickte ich ein sehr schönes Buch (obgleich zwei dalagen, denn ich sollte mir auswählen), nämlich die Sagenwelt der Alten mit vielen prächtigen Bildern ausgestattet. Auch einen Schlittschuh fand ich, aber nur einen? Wie würde ich ausgelacht werden, wenn ich versuchen wollte, *einen* Schlittschuh an zwei Beine zu schnallen. Das wäre doch merkwürdig. Doch sieh einmal, was liegt denn da noch daneben so ganz ungesehen? Bin ich denn so klein, so gering, daß du mich kaum ansiehst? sprach da plötzlich ein dicker Folioband, welcher zwölf vierhändige Sinfonien von Haydn enthielt. Ein freudiger Schrecken durchzuckte mich wie der Blitz die Wolken, also wirklich, der ungeheure Wunsch war erfüllt; der größte! Nebenan erblickte ich auch den zweiten Schlittschuh, und wie ich mir diesen näher besehe, da sah ich plötzlich noch ein paar Hosen. Nun betrachtete ich meinen Weihnachtstisch im ganzen und fragte nach denen, welche es mir geschenkt hatten. Doch wer mag der sein, welcher mir die vielen Noten geschenkt hat? Ich erhielt aber keine andre Auskunft als daß es ein Unbekannter sei, welcher mich bloß dem Namen nach kenne. Dann wurde Tee und Stolle getrunken und gegessen, und nachdem uns die Gäste verlassen hatten und uns Müdigkeit ankam, legten wir uns zur Ruhe.

Friedrich Nietzsche an Mutter und Schwester

Bonn, vor Weihnachten 1864

Meine liebe Mama und liebe Liesbeth.
Mein Wunsch ist, daß Ihr das kleine Paketchen erst am Weihnachtsabende aufschnürt, damit Ihr doch eine kleine Überraschung habt, vielleicht auch nur eine Enttäuschung. Meine Bitte ist: nehmt fürlieb, ich gebe

Euch von dem Besten, was ich vermag, aber das ist nicht viel. Ihr werdet meine Mühe und meinen Fleiß daran erkennen; immer dachte ich dabei an Euch, und wünschte den Moment bei Euch zu sein, wo Ihr Euch vielleicht darüber freut.

»Und solche lieblichen Gedanken laben
Die Arbeit selbst; ich tue am müßigsten
Wenn ich sie thue«,

so heißt es in Shakespears's Sturm und so heißt es auch bei mir; müßige Arbeit und arbeitsvolle Muße!

Was sollte ich Euch auch geben, wenn nicht etwas Eigenes, etwas, worin Ihr mich im Bilde wieder seht. Darum habe ich auch noch den Schattenriß meines jetzigen Äußeren vorankleben lassen, damit Ihr meine Gabe gern in die Hand nehmt und vielleicht auch oft. Ihr merkt es schon, daß ich mit einer gewissen Eitelkeit von meinem Werkchen spreche und es hat doch seinen ganzen Zweck verfehlt, wenn es Euch nicht gefallen sollte. Wenn ihr nur einen Christbaum mit Lichtern habt! Denn es muß sich hübsch ausnehmen im Lichterglanz. Ich werde an dem Christabende lebhaft an Euch denken, und Ihr jedenfalls auch an mich. Es ist zwar recht gemütlich in meiner Wohnung und ich will auch jenen Abend recht angenehm verleben. Auch wir werden uns auf der Kneipe einen Lichterbaum anzünden, auch wir werden uns gegenseitig kleine Geschenke machen. Aber freilich, das ist nur eine matte Nachahmung einer heimathlichen Gewöhnung, an der eben die Hauptsache, die Familie, der Kreis der Verwandten fehlt ...

Wißt Ihr noch, wie gemütlich wir zusammen das vorige Weihnachten in Gorenzen verlebt haben? Es war schön: Das Haus und das Dorf im Schneefall, die Abendkirchen, die Melodienfülle in meinem Kopf, der Onkel Oskar, das Bisamfell, die Hochzeit und ich im Schlafrock, die Kälte und vieles Lustige und Ernste. Alles zusammen giebt eine angenehme Stimmung. Wenn ich meine »Sylvesternacht« spiele, höre ich diese Stimmung aus den Tönen heraus ...

Nun lebt für heute recht wohl, genießt das schöne Fest und denkt meiner immer und besonders am Festabende gern und oft! Adieu!

Euer Friedrich Wilhelm Nietzsche, im December 1864.

Peter Rosegger
Mein lieber Gustl!

An Emil Brunlechner

Graz, 25. Dez. 1874

Mein lieber Gustl!
Vergelts Gott Deinem Weibchen die Weihnachtsgabe! Wir haben sie heute morgen, als niemand von uns, außer der Peperl, schon wach war, durch einen Separatboten von der Post erhalten. Es war eine liebe, liebe Christtagüberraschung. Vorläufig spielen wir Großen uns noch mit den possierlichen Dingen, obwohl sie uns der Kleine schon immer aus der Hand winden will. Die Auslage – um praktisch zu reden – hättet Ihr vermeiden können, aber – eine große Freude habt Ihr uns doch gemacht, u. wir danken Euch herzlich.

Wie ist denn bei Euch der Christbaum gewesen? Hat das Kindlein recht lieb drein geguckt? Anna läßt Euch bitten, uns von Tinchen das Maß zu schicken, damit wir wissen, wie groß es schon ist. Ich möchte das liebe Kind herzlich gern wieder einmal sehen. Wundert u. erschreckt Euch nicht, wenn ich plötzlich wieder einmal in Euer Haus trete.

Für mich war der gestrige Abend eine glückselige Zeit. Ein doppeltes Kind – ein kleines, zappelndes, jauchzendes u. ein erwachsenes, träumendes, sinnendes – stand ich vor dem Weihnachtsbäumchen, das uns in seinen 24 Lichtlein still entgegenglühte. Vor dem Christbaum wird man sich erst der Vaterfreuden bewußt; ja, diese Freuden werden hier zu einer plastischen, leuchtenden Gestalt, haben eine sichtbare Wesenheit angenommen vor unserem erstaunten, berauschten Auge. Dieser Empfindung hat meine Anna Worte geliehen, indem sie vor dem Christbaum stehend sagte: ihr sei, als brenne ihr Herz auf dem Tisch. – Auch die Großeltern waren bei uns u. nach dem Christbaum haben wir ein kleines Mahl gehabt, bei dem es heiter zuging. Um 12 Uhr in der Nacht trieb es mich in die Kirche, um die alten Weisen meiner Kindheit wieder zu hören; aber nirgends führten sie die Messe auf, die, wie Du von Leoben aus weißt, ich so gerne höre; betrübt kehrte ich heim – ungehalten über mich selbst, der ich eben vorhin erst selig war bei Weib u. Kind, und nun auch noch meine eigene Kindheit wieder zurück haben wollte. –

Hast Du, lieber Gustl, nicht Aussicht, demnächst wieder einmal nach Graz zu kommen?

In Worten Euch ein glückliches Neujahr zu wünschen kann ich unterlassen. Ihr wißt es, wie wirs Euch meinen. Bleibt unser in Freundschaft, und lehrt auch Euerem lieben Kinde, das Gott schütze! uns ein wenig lieb zu haben.

Es küßt Euch   P. K. Rosegger

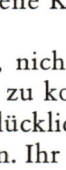

Adelheid Mommsen
Weihnachten bei Theodor Mommsen

Weihnachten! Schon Tage vorher wurde der Auftrag erteilt, den Baum zu besorgen. Das war ein wichtiges und nicht immer dankbares Geschäft, das meist einen der Brüder traf. Mein Vater legte größten Wert auf eine schöne, gerade gewachsene, volle Tanne, die auf der Erde stehen und ohne Stern und Aufsatz bis zur Decke reichen mußte. Gar zu teuer durfte sie auch nicht sein. Da galt es, Berlin abzusuchen und weise zu handeln, sonst fand man wohl – wie es einem der Brüder geschah – den seiner wenigen Zweige beraubten Baum als elenden Strunk mit daran hängenden Geschenken auf dem Platz, an dem der eigene Weihnachtstisch zu stehn pflegte; während eine prächtige vom Vater heimlich besorgte Tanne im Lichterschmuck prangte. Als Kinder merkten wir natürlich nichts von diesen und anderen Vorbereitungen: da war das erste sichere Anzeichen des nahenden Festes ein Kästchen mit vorjährigen Pfefferkuchen, die unsere sparsame Mutter sorglich verwahrt und dann vergessen hatte. Sie schmeckten uns trotz ihres Alters lange Zeit prächtig; aber schließlich baten wir doch, sie uns lieber im Januar frisch zu geben, anstatt sie zehn Monate hindurch im Schrank, nicht weit von Kampfer und Naphthalin, aufzuheben.

Dann kamen häufige Stadtfahrten der Mutter mit Herrn Otto, dem getreuen Droschkenkutscher. Ein großer Reisekorb verschwand im Schlafzimmer der Eltern, um am 24. früh heimlich ins Weihnachtszimmer und mit unendlichem Papier gefüllt nach Stunden wieder herausbefördert zu werden. Die riesige Reisetasche, mit schönem Kreuzstich-Blumen-Muster, fuhr mit in die Stadt, und wie durch ein Wunder flog bei der Rückkehr ein Mehlweißchen oder eine Pfeffernuß heraus. Schließlich war das Vorderzimmer eines Tages verschlossen. Das waren sichere Anzeichen, und es galt, sich mit den Weihnachtsarbeiten zu beeilen. Die Decke für die Mutter, der französische Aufsatz für den Vater oder die Strümpfe für die Brüder mußten ja fertig werden. – Diese Strümpfe! – wiederholt haben wir fünf Schwestern zusammen mit der Mutter einen Bruder bestrickt; das machte dann ein halbes Dutzend Paar schöner wollener Socken, und dann saß der Bruder unter dem Weihnachtsbaum und suchte an der Art des Strickens herauszubringen, wie die Schwestern und die Strümpfe zueinander paßten.

Im Alter von vierzehn oder fünfzehn Jahren durften wir am 23. Dezember zum Baumputzen über die gewohnte Bettzeit hinaus aufbleiben. Dann saßen die Eltern still für sich in der »Grünen Stube« nebenan. Wir Schwestern zogen die langen Ketten aus bunten Glasperlen neu auf, untersuchten die Fäden der Einzelkugeln und steckten die Lichter ein. Die Brüder schmückten den Baum, nachdem unter Hinzuziehung des Vaters die schönste Seite herausgefunden und die Aufstellung somit vollzogen war. War alles fertig, so wurde der Vater zur Musterung gebeten und auf seinen Rat noch diese oder jene Änderung vorgenommen. Im Grunde hatte aber im Laufe der Jahre jedes Stückchen seinen festen Platz: die feine Silberkette oben, die Trümmer der gelb-blauen und grün-roten Ketten unten und ganz in der Mitte vorn das ehrwürdigste Stück: der alte Bock, der als Familiensymbol galt. Der

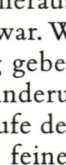

Vater hatte ihn an den Baum gehängt, als Karl und Ernst klein waren. Wem von beiden er galt, ist ebenso umstritten wie die »historische Ohrfeige«, von der ich bei dieser Gelegenheit auch gleich erzählen will. Am 2. September 1870 kam der Junge mit dem Ruf nach Haus: »Wir haben schulfrei; Napoleon ist gefangen.« Mein Vater entgegnete: »Laß Dir doch nicht jeden Unsinn aufschwatzen!« und gab dieser Mahnung den nötigen Nachdruck. Zeit ihres Lebens haben sich die Brüder um diese Heldentat im Dienste des Vaterlandes gestritten.

Zurück zum 23. Dezember! Während des Baumputzens waren die »Teller«, die weißen Perlrandteller aus dem Haushalt der Urgroßmutter Reimer, zurechtgemacht, die Hildebrandschen Pfefferkuchen und gar das Selbstgebackene genau abgezählt und jedem zwei oder drei Stückchen Konfekt zugeteilt worden. Dann wurden die Tische für die große Familie, zu denen der für die drei Hausmädchen kam, zurecht gemacht. Über die auf Stühle gelegten Tischplatten wuchsen wir schnell hinaus; der Schreibtisch der Mutter, die Pfeilertische und Notenschränke mußten herhalten und dieser und jener Tisch aus den Schlafzimmern herbeigeschafft werden. Das runde Florentiner Marmortischchen war dem Vater reserviert und nahm sich am 24. im Schmuck der Caviartöpfchen, der Hummer und dergleichen recht gut aus. Die große Fußbank dicht vor dem Baum war mit der gleichen Sorgfalt gedeckt. Die Auswahl der Pfefferkuchen, die rohen Eier, die Würstchen und ein neuer Maulkorb deuteten auf den vierbeinigen Hausfreund als glücklichen Empfänger. Das Ei durfte der Lump aber nur in Gegenwart des Vaters verzehren, der sich immer wieder an der gewiß in früher Jugend im

Hühnerstall gelernten Kunst des Teckels freute: er nahm das Ei zwischen die Pfoten, machte mit dem Eckzahn ein kleines Loch hinein, das langsam erweitert wurde, und so trank er das Ei aus, ohne ein Tröpfchen davon auf den Teppich zu schütten.

Am 24. Dezember morgens wurde die wohlvorbereitete Weihnachtsstube der Mutter überlassen; nur der Vater hatte noch Zutritt. Wie mochte man die weißgedeckten Tische, auf denen außer dem Teller jetzt nur ein gelbes Wachsstöckchen stand, im Kerzenschein wiederfinden? Wir hatten mit unseren Weihnachtsgeschenken auch alle Hände voll zu tun. Dazu war der Heringssalat zu schneiden, der zum Abend und mindestens für die Feiertagsfrühstücke reichen sollte. Viel Zeit zum Mittagbrot blieb nicht, das mußte schnell bereitet und gegessen werden können. So gab es an dem Tag, – dem einzigen, an dem der Küchenzettel kein Kopfzerbrechen machte, – dicken Reis. Ich glaube, das ist bei allen Geschwistern heute noch so; jedenfalls ist der Offiziersmesse eines deutschen Kreuzers in Ostafrika an einem 24. Dezember »dicker Reis« vorgesetzt worden.

Gegen Abend ging man daran, den Weihnachtstisch der Mutter aufzubauen, was im Eßzimmer geschah. Eine große Lampe-Kaufmann-Sendung: Kolonialwaren, Essig, Öl, Fleischextrakt bildete einen erheblichen Bestandteil; auch die persönlichen Geschenke für die Mutter waren fast ausschließlich praktischer Art. Für die Jugend war das selbstverständlich ebenso: Kleidungsstücke, Handschuhe, Briefpapier ließ man sich immer wieder gern schenken, und auf keinem Tisch fehlte das Buch.

Gegen sechs oder sieben Uhr kam der Vater herunter, prüfte sehr sorgfältig den Aufbau für die Mutter und verschwand – wohl zur letzten Inspektion – im Weihnachtszimmer. Wir Kinder versammelten uns im Eßzimmer und machten in früheren Jahren wohl den Versuch zu singen. Bald erschallte aus dem geheimnisvollen Zimmer die Stimme der Mutter: »Seid Ihr alle da? Ruft die Mädchen!« – Die große Doppeltür ging auf, und der Baum strahlte uns entgegen. Zu allererst wurde Mutters Tisch hineingetragen und mitten ins Zimmer gestellt: Dann hieß es, die Kleinsten oder doch die Jüngsten voran! Was nun folgte: Bewunderung, Freude, Dank ist wohl in allen deutschen Weihnachtsstuben das Gleiche.

Der Baum durfte nicht zu lange brennen; er wurde ausgepustet, um noch mehrmals angezündet werden zu können, vierzehn Tage später zu Ehren einer Kindergeburtstagsfeier zum letzten Male zu brennen und dann geplündert zu werden.

In den Feiertagen – manchmal gelang es, einen dritten zu erbetteln, – waren wir fast nur im Weihnachtszimmer, spielten mit den neuen Spielsachen, den von der Mutter und den Schwestern frisch eingekleideten Puppen, lasen die neuen Bücher oder strickten um die Wette die Wunderknäule auf, die uns noch Riesenspaß machten und zu unendlichen Neckereien Anlaß gaben, als wir schon längst die Kinderschuhe ausgezogen hatten.

Wir waren aber kaum erwachsen, als die Weihnachtsfeiertage noch einen besonderen Inhalt bekamen: es galt, die Sylvesterfeier vorzubereiten. Das war ein einzigartiges Fest! Es war wohl eine aus dem großelterlichen Hause übernommene Sitte, den Abend mit einer Kartenlotterie zu begehen, bei der allerlei Kleinigkeiten zu gewinnen waren und einige bestimmte

Geschenke als Julklapp herumgingen, bis sie an die richtige Adresse gelangten. Das war kein sonderlich geistreiches Spiel und genügte meinem Vater bald nicht mehr. So wurde eines Tages die Parole ausgegeben: Hans gewinnt einen Bimsstein, jeder im Haus hat dazu einen Vers zu liefern, der beste wird preisgekrönt. Schwer war die Aufgabe nicht, und auch der Unpoetischste fand den nötigen Reim auf Stein. Den Preis erhielt die Mutter für den Vers:

Wenn einer von den Meinigen
Bisweilen ist ein Schweinechen,
So kriegt er dieses Steinechen,
Damit er sich kann reinigen.

Von da an wurde es üblich, zum Sylvesterabend die Schandtaten sämtlicher Familienmitglieder zu besingen, und der Vater half tüchtig mit. Er verlangte, auch selbst zu gewinnen, viel zu gewinnen und vertrug jede Neckerei, wenn sie in mehr oder weniger schlechten Versen vorgetragen wurde. Da kamen die gern gesehenen spanischen Zwiebeln, der nach all dem guten Futter des Festes willkommene Rettich; feine Stiefelchen, die wie die letzthin gekauften zwar kniffen, aber den Fuß schlank machten; ferner ein Gedicht an den »Namenlosen«, das der Mutter aus einer immer wieder empfundenen Verlegenheit helfen sollte: mein Vater liebte seinen Vornamen Theodor-Gottesgabe nicht, und das »Du, du« paßte schließlich auch auf andere. Wie lebendig stehen die lustigen Stunden und die alten schönen Zeiten vor uns, wenn uns die gesammelten Sylvesterverse in die Hand fallen!

Julius Stinde
Der Weihnachtsmarkt

Zu den vielen ausgesuchtesten Rätseln der Natur gehören, wie man so um Michaelis herum jedesmal in den Zeitungen liest, die Wandervögel, welche schon lange vor der Erfindung des Kompasses schnurgerade nach den fremden Ländern fliegen, und bei den Schwalben trifft es ja auch auf Datum und Stunde zu. Unerklärlich ist mir allerdings, daß sie sämtlich auf einmal abziehen, aber warum sie sich überhaupt aufmachen, das kann einem einigermaßen anschlägigen Kopfe keineswegs unergründlich sein: ... sie gehen der Annehmlichkeit nach, da der Mensch sich genau ebenso verhält. Im Frühling, sobald der erste erwärmende Sonntag lockt, wandert er in die Umgebung, am Karfreitag muß er nach dem Spandauer Bock, Pfingsten wandert er in den Grunewald, ein andermal wandert er nach Stralau oder Treptow, und sobald das Eis hält, ist die Rousseau-Insel im Tiergarten sein Wanderziel. Das liegt ihm so von klein auf in den Geh-Organen. Kommt nun aber die Weihnachtszeit, dann halten ihn keine vier Pferde, dann zieht es ihn mit unerklärlicher Gewalt nach dem Weihnachtsmarkt. Genau ebenso kann man es sich mit den Wandervögeln denken, obgleich der Weihnachtsmarkt nicht ausschließliche Annehmlichkeiten bietet, zumal wenn ein Tauwetter dazwischenfährt und man einen Rand am Zeuge mitbringt, als wäre man von höherer Hand durch den Glitsch gezogen.

Wir hatten uns diesmal gemeinschaftlich mit Doktors, Onkel Fritz und Krauses verabredet, obgleich Doktoren wegen ihrer Praxis ziemlich unsichere Kan-

45

tonisten sind, aber wir taten es hauptsächlich um Krauses willen, die der Aufheiterung bedurften, denn ihr Eduard hat ihnen zu viel Verdruß bereitet. Kann es auch wohl etwas Bitterlicheres geben, als wenn der Vater, der doch selbst Lehrer ist, seinen eigenen Jungen zu einem anderen Kollegen schicken muß, damit er bei dem seine Schularbeiten macht, was Eduard zu Hause nie einfiel? I bewahre! Anstatt Lateinisch zu lernen, war er ausgerückt und hatte mit den Jungens Räuber und Soldat im Friedrichshain gespielt, oder war auf der Straße umhergestrolcht, und wenn er eingesperrt wurde, hatte er mit der Lampe gekokelt, daß es leicht hätte Brandstiftung geben können. Und wenn sie glaubten, daß er wirklich fleißig sei, weil er sich still und ruhig verhielt, dann hatte er einen heimlichen Robinson oder sonst ein Geschichtenbuch bei sich gehabt, und seine Aufgaben bestanden aus Fehlern und Tintenklecksen. Unbegreiflich war nur, daß die Mutter den Jungen immer noch in Schutz nahm. Wollte sie denn nicht sehen, daß er die ersten Kinderschuhe bereits ausgetreten hatte und kein Samtkittelchen und keine weißen Höschen mehr trug? »Es ist unrecht, das Kind mit zu schweren Arbeiten zu quälen«, sagte sie, sogar wenn der Junge dabei war. Eduard brauchte nur gnauen, das Lateinische machte ihm Kopfweh, dann kajolierte sie ihn und sagte: »Papa wird dir einen Entschuldigungszettel schreiben, daß dir nicht ganz gut war, mein Engel«, worauf Edechen in den Wiegestuhl kroch und sich schunkelte, um die Zeit doch nur irgend womit zu vertreiben. Herr Krause durfte natürlich keine Einwendungen machen, denn sie hatte sofort die Überbürdung der Schuljugend auf dem Tapet, und er mußte schweigen wie ein schlecht geputzter Rekrut. Solche Jammerbolle von Mann!

Und so wäre es doch wer weiß wie lange geblieben, wenn die Range nicht Veranlassung zu einem großen Skandal gegeben hätte. Das kam nämlich so. Unmittelbar neben der Landsberger Straße befindet sich nämlich der Georgenkirchhof, wo sie Anlagen eingerichtet und Bänke hingestellt haben, auf denen alte Leute sitzen können und Gebrechliche, denen die Sonne in ihrem Stübchen vielleicht nur des Morgens einen kurzen Augenblick in das Fenster sieht, oder wenn sie auf der Schattenseite wohnen, auch das nicht einmal. An kleinem Volk fehlt es natürlich erst recht nicht, und es läßt sich kein hübscheres Gemälde denken, als wenn eine feine Trauung stattfindet und das junge Paar ganz gerührt aus der Kirche tritt, um mit den Spreewälder Ammen und Wärterinnen, welche sich neugierig mit dem Kindersegen auf dem Arme herandrängen, eine, wenn auch nur flüchtige, so doch verheißend auf die Zukunft deutende Gruppe zu bilden.

Bei solchen Ereignissen bleiben die größeren Kinder jedesmal ohne Aufsicht, und dies benutzte Krausens Eduard zu seiner Schandtat, indem er auf einen Sandhaufen, wo gerade die meisten buddelten, ein kleines Kienrußtönnchen hinpraktizierte, über dessen Erwerb auch noch ein dunkler Schleier schwebt. Nun halten ja Kinder leider Gottes alles für Spielzeug, was ihnen in die Hände fällt, es mag Kienruß darin sein oder sonstiges Schädliches, und es hatte richtig keine zehn Minuten gedauert, da haben die süßen Wesen sich eingerahmt wie die Mohren: Hände und Gesicht, und die Kleider alles voll, und was die weißen Schürzen waren und die Strümpfe, da ist nie wieder Grund hineingekommen. Bei der ersten Wäsche nun einmal bestimmt nicht.

Aber die Nemesis hatte nicht geschlafen. Ein alter Mann, der sich ein bißchen auf der Bank sonnte, hatte bemerkt, wie Eduard einen Gegenstand auf den Sandhaufen warf und sich dann hastig entfernte, aber weil die Brautkutsche gerade vorfuhr, achtete er nicht früher darauf, als bis das Unglück geschehen war und nichts weiter übrigblieb, als die kleinen Schweine nach Hause zu schaffen, was ohne Schelten und Schubsen und großes Geschrei nicht abgegangen ist. Der Mann hatte erzählt, was er gesehen, und da sie den Bengel sowieso auf dem Strich haben, wußten sie gleich Bescheid.

Nachher sind mehrere aufgeregte Mütter und auch einige laut redende Väter Herrn Krause auf die Bude gerückt und haben ihm das zuschandene Zeug zum Kauf angeboten, worauf er denn auch stellenweise, allerdings mit Widerstreben, eingegangen ist. Die halbe Landsberger Straße sprach noch längere Zeit von Eduards Hinterlist, und die Polizeileutnanten sagte mir, ihr Mann hätte gesagt, wenn ein Antrag eingebracht worden wäre, hätte es leicht kriminaliter werden können, aber der Alte hätte es noch eben rechtzeitig unter der Hand abgemacht. Freilich hat Herr Krause seit dieser Zeit strengere Saiten aufgezogen, aber was nützen die? Es sind ja doch nur Zwirnsfäden. –

Etwas Zerstreuung und Erheiterung war Krauses daher mehr als paßlich und eine Weihnachtswanderung ihnen sehr willkommen. Wir erwarteten sie zu um sechsen bei uns, wie verabredet worden war, aber sie kamen erst um halb sieben. Die Krausen entschuldigte sich damit, sie hätte bemerkt, daß ihr japanesisches Tablett weg wäre, und das hätte sie erst gesucht, ohne es jedoch finden zu können. Ich sagte, so etwas verkröche sich manchmal oder verstäche sich hinter ein Möbel, es würde sich schon morgen oder sonst gelegentlich wieder angeben. Es fand sich auch an, aber anders, als wir gedacht hatten, und, wie ich sagen muß, in niederschmetternder Weise. Doch alles zu seiner Zeit. –

Wir zögerten nun nicht lange, als wir komplett waren, und wanderten dem Schloßplatz zu, denn da ist doch der Hauptmarkt, indessen wir kamen nur langsam vorwärts, teils wegen der Menschenmenge auf der Straße, teils wegen der Läden, die betrachtet werden sollten. Einer machte den anderen auf das aufmerksam, was ihm am besten gefiel. – »Nein, sieh bloß dies hier!« – »Oh, das möchte ich haben.« – »Seht doch nur, wie prachtvoll!« – Und so ging es in einer Tour. Mancher Laden überbot sich auch wirklich selbst. In einem hatten sie sogar eine stilvolle Burg aus lauter Pfefferkuchen aufgebaut mit gleichfalls stilvollen Pflaumenmännern als Ritter.

Und nun erst die Stoff- und Porzellangeschäfte, die Bronzeläden und Seidenwarenhandlungen: alle miteinander hatten sich geputzt, indem sie das Feinste zum Vorschein brachten. Es ist alles prunkhaft um diese Zeit, als wenn Illumination wäre, sämtliche Gasflammen und Lampen, die nur brennen können, haben sie im Gange, und was irgend glitzert und blänkert, liegt in den Schaufenstern aus: man kann eben nicht vorbeikommen. Da wird immer so viel von den Schätzen des Orients geredet und von den Bazaren, die sie dort haben. Was will das sagen? Vor Weihnachten ist das ganze Berlin mit seinen stundenlangen, gasstrahlenden Straßen ein einziger, ungeheurer Bazar.

Zwischen all dieser neuen Pracht liegt der Weihnachtsmarkt, wie die gute alte Zeit. So war es damals, als meine Eltern mich das erstemal mitnahmen, und so ist es geblieben bis auf den heutigen Tag. Das sind dieselben schmalen, langen Budenreihen, dieselben Spielsachen liegen aus, die Verkäufer haben ebenso rotgefrorene Nasen und ebensolche warme Kappen auf wie damals, und die Kinder mit den Dreierschäfken, den Sägemännern, Waldteufeln, Hampelmännern und womit sie sonst ihr kleines Handelsgeschäftchen betreiben, haben noch ebensolche dünne Stimmen wie damals. Und wie balsamisch duften die dunklen Tannenbäume, von denen ganze Wälder umherstehen, dazu die maigrünen Pergamiten, aufgeputzt mit buntem Flitter und besteckt mit Lichtern. Und wie anheimelnd riecht es nach frischen Pfannkuchen und Schmalzgebackenem! Und die vielen Menschen, groß und klein, ergötzen sich, als hätten sie solche Herrlichkeiten nie zuvor gesehen, und bewundern aufs neue, was sie eigentlich doch schon kennen sollten. Die Spaßvögel kommen noch immer aus demselben Neste, sie sind rot und gelb und grün gemalt, mit einer Feder auf dem Kopf, und wenn an der Strippe gezogen wird, klappen sie ebenso zusammen wie in all den Jahren. Dazu wird immer noch gerufen: Vorne nickt er, hinten pickt er, nur einen Groschen der schöne Spaßvogel. Kaufen Sie, Madameken, es ist der letzte! Das klingt so vertraut, wie aus der fernen Jugendzeit. – Mein alter lieber Weihnachtsmarkt. –

Was von jeher einen unbeschreiblichen Eindruck auf mich machte, das ist das ernste, schweigende Königsschloß, welches wie ein Riese die Zwerggezelte des Marktes überragt.

Da summt es von Menschengewirr, da schimmert es rötlich von Tausenden Lichtlein um das stille, dunkle

Schloß herum, als wenn die kribbelnde, wibbelnde Gegenwart keinen geschützteren Platz finden könnte als bei der unverrückbaren Vergangenheit. – »So ist es auch«, bestätigte Herr Krause. »Wo das Volk früher zu den Opferfesten zusammenströmte, wurden die Burgen der Herrscher oder christliche Kirchen erbaut, und deshalb werden noch heute die Jahrmärkte an fast denselben Plätzen und Tagen abgehalten, an denen einst die heidnische Götzenfeier stattfand. Wer weiß, ob nicht gerade hier, wo wir jetzt gehen, zur Zeit der Wintersonnenwende Menschen geschlachtet wurden, während das Volk an der Stechbahn stand, ungefähr da, wo jetzt die sogenannte Radauecke des Weihnachtsmarktes ist, und zu den Göttern zeterte.« – »Herr Krause«, entgegnete ich, nachdem er sich ausgequasselt hatte, »ist Ihnen auch wohl? Glauben Sie, daß ein preußischer König solche Zucht geduldet hätte ... Menschenopfer und Tumult unter seinen Fenstern? Wozu wäre denn die Schloßwache da?« – »Erlauben Sie, dies alles geschah in der vorgeschichtlichen Zeit, als man noch kein Eisen kannte und sich der Steinmesser bediente.« – »Hier in Berlin?« – »Sicherlich ebensogut wie anderswo!« – »Wem wollen Sie das einbilden?« – »Sehen Sie sich doch die Steingeräte im Museum an, das sind handgreifliche Beweise.« – »Ich will zugeben, daß sie in Berlin vielleicht einmal mit Steinmessern gegessen haben, aber wenn schon, dann doch bloß aus Ulk.« – »Ich habe die vorgeschichtliche Forschung für mich.« – »Herr Krause, Sie sind Lehrer und müssen darum mehr wissen als andere Leute, aber ich will hoffen, daß Sie mit dieser Art Weltgeschichte aus Ihrer Schule bleiben.« – »Durchaus nicht, die Jugend muß mit den ersten Anfängen des Völkerlebens vertraut gemacht werden, wenn sie sich selbst und ihre Stellung als politisches Wesen begreifen soll.« – »Für mich fängt die Weltgeschichte mit dem großen Kurfürsten an und hört mit dem großen Friedrich noch lange nicht auf«, sagte ich, »und wenn jemand begreifen soll, was er als politisches Wesen ist, dann sagen Sie ihm nur, er sei ein Deutscher, der sein Vaterland und seinen Kaiser lieben müsse von ganzem Herzen. Und damit Punktum.« –

Aber was macht die Menschheit konfuse? ... Die Überklugheit, und daran scheint Herr Krause auch zu leiden. –

Wir waren jedoch nicht auf den Markt gezogen, um zu streiten, sondern nützliche Sachen einzukaufen. Die Handelsleute wollen ihre Waren absetzen, deshalb kommen sie von nah und fern, und gerade für den Hausstand wird Brauchbares in großer Auswahl feilgeboten. Herr Krause kann sich meinetwegen mit Steinmessern behelfen, wenn es ihm Spaß macht. Wir verteilten uns daher und gingen an das Geschäftliche.

Derweile ich und Emmi eine Reibesatte einhandelten, die ihr so notgedrungen fehlt und die das Erbspüree, an dem der Doktor sich so gern donnerstags mit Eisbein labt, doch bedeutend erleichtert, ging Onkel Fritz an eine Bude und kaufte Honigkuchen mit Inschriften ein, um sie uns zu verehren, aber er hätte es lieber unterlassen sollen, denn auf meinem stand: »Olle, brumme nicht!« und auf Emmi ihrem: »Ewig will ich an dir kleben, Klacks!« Der Doktor steckte den ihm gespendeten errötend in den Paletot. »Fritz«, sagte ich mit einem Anhauch von Mißmut, »ich kann nicht behaupten, daß mir diese Zuckerguß-Poesie behagt.« – »Dann kratze sie ab«, erwiderte er, »und lasse dir einen frischen Vers von Leuenfels daraufdichten. Dem Kuchen schadet das nicht.« – Er ist eben unverbesserlich.

Nun wollten wir noch nach der Breitenstraße und Rudolph Hertzogs Auslage betrachten, einmal weil sie das Glanzvollste ist, was man beaugenscheinigen kann, und zweitens, weil mein Karl einzelne Phantasie-Artikel für dies immense Geschäft liefert, die er extrafein weben läßt; aber so gut der Gedanke war, das Hinkommen hatte seine Schwierigkeit, denn solche Drängelbergerei wie an der Ecke vom Schloßplatz und der Breitenstraße gibt es nirgends. Aber wir kamen durch, weil der Berliner bei derartigem Festgedränge stets zur rechten Seite geht und nur der Fremdling gegen den Strom will, bis ihm einer zuruft: »Sie da, mit's Jesichte halten Sie sich rechts, sonst werden Ihnen die Plätteisen abjetzeten!« Das hilft dann prompt.

Als wir frei aufatmen konnten und uns in unzerdrücktem Zustande wieder vorfanden, mußten wir eine lange Reihe von kleinen Verkäufern passieren. »Hier wird gekauft«, sagte Onkel Fritz, »ich gebrauche allerlei, und ihr werdet auch gewiß in euerer Nachbarschaft Leute kennen, die wohl Kinder, aber sonst nichts übrig haben. Denkt nur nach.« – Und merkwürdig, jeder von uns konnte sich besinnen. Wie das Geschäft blühte, als wir alle miteinander in die Portemonaies griffen, das war vergnüglich. Onkel Fritz ramschte gleich ganze Reste, und ein Junge schrie: »Hurra, reeller Ausverkauf; wird meine Mutter abersch kieken!« – Und fort rannte er. – Für die paar Nickel solche Freude!

Aber noch ein Junge rannte fort, und die Krausen stand da, mit einem japanesischen Tablett in der Hand, sprachlos und entsetzt, wie eine versteinerte Salzstange. Herr Krause rannte ebenfalls davon, hinter dem

Ausreißer drein. »Liebe!« rief ich, »was ist Ihnen, was bedeutet das?« – »Unser Tablett«, stöhnte sie. »Oh, Eduard!« – Sie wankte. Onkel Fritz sprang ihr bei und gab ihr seinen Arm, indem er sagte: »Kommen Sie nur zu sich und nehmen Sie die Sache von der heiteren Seite.« Das tat sie aber nicht, sondern zog das Taschentuch und machte eine hysterische Szene.

Mittlerweile erschien Herr Krause wieder. »Er ist entwischt«, rief er zornig. – »Wer?« fragte ich. – »Eduard«, stieß er hervor, »der Junge! Zigarren hat er mir ausgeführt und verkauft sie hier auf dem Weihnachtsmarkt. Auch das Tablett hat er genommen, Löcher hineingebohrt … Schnur durchgezogen … sich umgehängt. Steht hier mitten zwischen den armen Kindern. Wie ich ihn erblicke und glaube, ich fasse ihn schon … er den Kopf aus der Schlinge gezogen und fort. Die Polizei soll ihn verhaften.« – »Wie kannst du so unmenschlich sein?« fing nun die Krausen an, komm, laß uns nach Hause gehen, er wird sich gewiß ängstigen.« – »Nein«, sagte Herr Krause, »ich bleibe, ich würde zu strenge mit ihm ins Gericht gehen. Morgen früh soll er seinen Lohn haben.« – »Du wirst ihn doch nicht schlagen?« jammerte die Krausen. – »Ich werde ihm verkünden«, erwiderte Herr Krause weicher, »daß er jeden Tag eine Strafarbeit zu liefern hat und«, fügte er mit wehmutsverquollener Stimme hinzu, »daß er nichts zu Weihnachten bekommt.« – »Aber doch einen Baum?« schrie sie. – »Keinen Baum«, seufzte Herr Krause.

»Wenn das Wort 'ne Brücke wäre, ich ginge nicht darüber«, flüsterte mein Karl mir zu. – »In drei Tagen ist alles vergessen«, antwortete ich, »er müßte meiner Meinung nach den Bengel so verbimsen, daß nur noch die Knopflöcher von seiner Jacke zu gebrauchen wären, sonst wird aus dem nie etwas Vernünftiges.« – Ich bin prinzipiell gegen jegliche Prügelstrafe, weil sie unaufgeklärt und inhuman ist, aber Keile muß sein. –

Für die Besichtigung der übrigen Weihnachtsherrlichkeiten, die aus den Fenstern der Läden leuchteten, war kein rechtes Interesse nach diesem Ereignis mehr vorhanden, und so folgten wir denn Onkel Fritz, der uns Revanchierens halber nach Dressel eingeladen hatte, da er in seiner eigenen Wohnung nicht auf Gegenseitigkeitsgesellschaften eingerichtet ist.

Wir hätten sehr amüsant zusammen sein können, wenn Krauses nicht in zu großer Zerknirschung gewesen wären: er mit den Zornfalten vor dem Kopf und sie mit dem verruinierten Tablett und ziemlich verweint. Onkel Fritz hatte mit Dresseln ein opulentes Abendbrot mit verschiedenen Seltenheiten abgekartet, die sich in die einfache bürgerliche Küche nicht hineinverirren. Er kann es ja, da sein Geschäft flotter geht als zu irgendeiner Zeit und er von Hause aus spendabel veranlagt ist.

Obwohl jedoch alles vorzüglich war, herrschte aus Schonung gegen Krauses ziemliche Stummheit an unserem Tische. Onkel Fritz konnte deshalb nicht umhin, auszurufen: »Herr Jott, sind wir vergnügt und haben es gar nicht nötig.« – »Das sagen Sie wohl«, erwiderte Herr Krause, »aber wenn Ihnen Ihr eigen Fleisch und Blut erstens den Skandal mit der Knierußbüchse macht …« – »Er hat nichts Arges dabei gedacht«, fiel seine Frau ihm ins Wort. – »So?« fragte Herr Krause, scharf wie Essigsprit. – »Du weißt doch, daß Eduard ganz ungewöhnlichen Anteil an fremden Völkern nimmt, ich kann wohl sagen, es kommt ihm kein Knabe seines Alters darin gleich, wie gut er alles von Kolumbus und Robinson behält...« – »Aber Frau, was hat das mit dem Kienruß zu tun und den Kinderkleidern, die ich für schweres Geld einlösen mußte?« rief Herr Krause. – »Nun«, antwortete sie spitz, »mir hat er es gesagt, denn zu mir hat er Vertrauen, weil ich nicht heftig und gefühllos gegen ihn bin ... er wollte nämlich, daß die Kinder ein bißchen Ara Pequenna spielen sollten, wo doch die Schwarzen zu Hause sind ...«

Herr Krause sah seine Adelheid an, als wenn er fragen wollte: »Wen willst du damit wieder betimpeln?«, und sie schwieg verlegen. Onkel Fritz äußerte dagegen, es sei gewiß ein belustigendes Spiel, das voraussichtlich große Zukunft hätte, wenn es sich weniger schwarz einrichten ließe, und nannte Eduard ein kolossales Erfindungstalent. Dies nahm die Krausen nun übel. Ob man Zweifel in ihre Worte setzte? Beleidigen ließe sie sich nicht. Und hurr burr aufgestanden und weggewollt. Zu halten waren sie nicht länger, und unseren Segen hatten sie, als sie gingen.

Wir blieben noch. Herr Dressel, sehr elegant mit weißer Weste, überreichte uns Damen jeder einen reizenden Blumenstrauß und trug selbst Sorge, daß es nicht zu wenig Eis gab, Vanille- und Erdbeereis von unwiderstehlicher Kühle, und wir fanden unsere gute Laune bald wieder. Der Doktor schenkte mit liebenswürdiger Aufmerksamkeit ein und pellte mir eigenhändig eine Apfelsine ab. Wenn er will, ist er doch, bis auf die Donnerstage, recht angenehm.

Zum Schluß stießen wir darauf an, im nächsten Jahre wieder eine Weihnachtswanderung zu unternehmen, aber nur allein die Familie, und ich toastete: »Es ist wie mit den Wandervögeln, wenn die Zeit da ist, muß man mitmachen, ob man nun über das Meer zieht oder von der Landsberger Straße nach dem Schloßplatz oder nach Dressel Unter den Linden, das bleibt sich gleich. Auf die paar Kilometer mehr oder weniger kommt es nicht an, die Hauptsache ist die richtige Empfindung im menschlichen Busen!«

»Wilhelmine«, rief Onkel Fritz, »das hast du wieder einmal sehr schön gesagt. Wärst du ein Mann, ich ließe dich ganz gewiß in meinem Wahlkreise aufstellen.« Darauf mußte denn noch einmal angestoßen werden.

Theodor Storm
An Gottfried Keller

Hademarschen-Hanerau,
22. Dezember 1882

Da bin ich, lieber Freund, um Ihnen, so gut es durch so viel Ferne geschehen kann, zu dem mir ewig jungen Kindheitsfest die Hand zu schütteln. Unten spielt meine Jüngste allerlei süße Melodien, und im ganzen Hause weihnachtet es sehr. Zwei Tage lang nichts als Kisten gepackt und Pakete gemacht und Weihnachtsbriefe an Alt und Jung in alle Welt gesendet; ich habe diesmal nur meine zwei Jüngsten, die Gertrud und Dodo, zu Haus, und morgen kommt aus Varel noch mein Musikus, das heißt Musiklehrer. Aber die breitästige, zwölf Fuß hohe Tanne steht schon im großen Zimmer, an den letzten Abenden ist fleißig Hausarbeit gehalten: der goldene Märchenzweig, dito die Traubenbüschel des Erlensamens und große Fichtenzapfen, an denen diesmal lebensgroße Kreuzschnäbel von Papiermaché sich anklammern werden, während zwei desgleichen Rotkehlchen neben ihrem Nest mit Eiern im Tannengrün sitzen, feine weiße Netze, deren Inhalt sorgsam in Gold und andere nach Lichtfarben gewählten Papiere gewickelt ist, alles liegt parat, und morgen helfe ich den Baum schmücken.

Wenn dann aber am Weihnachtsabend die Lichter brennen und die Kinder ihr Weihnachtslied anstimmen, dann überfällt's mich doch: Wo sind sie alle, die sich einst mit mir gefreut? – Antwort: wo ich auch bald sein werde. Und das Geschick deiner Lieben? – Ein ewiges Dunkel für dich.

Lieber Freund, ich werde sentimental, und das schickt sich eigentlich nicht für alte Leute ...

Doch genug für heute. Die Meinen grüßen Sie mit mir. Möge auch über Sie die Märchenstille dieses Festes kommen, einerlei ob von dem Kinde in der Krippe oder von unseren alten schönen Götterfrauen, die in den Zwölften Umzug halten! Vor allen Dingen auch möge Ihr treu Geschwister sich mit Ihnen in gefestigter Gesundheit der Festesruhe freuen!

Ich grüße Sie herzlich
Ihr Th. Storm

Fritz Th. Overbeck
Weihnachten

Es war also Großmutter mit ihren vielen Paketen aus
Bremen eingetroffen, und Ocku und Anni waren
auch da. Sie waren zum Weihnachtsfest gekommen.

Irgendwelche bestimmte Erinnerungen an vorher-
gehende Weihnachtsfeiern sind mir bis heute nicht
geblieben. Damals waren sie wahrscheinlich vorhanden und bildeten nicht nur die Grundlage der glücklichen Erwartung des Kinderherzens, sondern auch der
geradezu überwältigenden Überraschung, als nicht nur
einer, sondern *drei* Tannenbäume im Lichterglanz
erstrahlten, nachdem sich auf ein silberfeines Klingeln
die Tür unseres Weihnachtszimmers, der Eßstube, geheimnisvoll geöffnet hatte.

Drei Tannenbäume! Das hat es später niemals wieder gegeben. Sie mochten wohl als Sinnbild der drei
Familien, die doch in so schöner Weise eine einzige
bildeten, von meinen Eltern aufgestellt worden sein. –
Ein ganz großer prächtiger Baum, der am Fußboden
begann und mit dem Gipfelstern fast unter die Decke
stieß, stand an der Schmalseite der Stube, wo das Fenster zur Dorfstraße hinausging. Die beiden anderen,
aber immer noch stattlichen Bäume, befanden sich zu
beiden Seiten des in schneeweißem Damast und vielen
bunten Sachen schimmernden Gabentisches, der fast
die ganze Länge der Stube einnahm.

Es kam später eine ganze Reihe von Jahren, denen
man eigentlich erst mit dem Ausgang der Kindheit wieder entwuchs, in welchen beim Öffnen der Weih-
nachtstür der Tannenbaum zunächst die mindere Be-

achtung fand. Er wurde zwar als eine wunderschöne, aber doch regelmäßig wiederkehrende Selbstverständlichkeit hingenommen, und wenn auch Anstand und Brauch verlangten, ein Weilchen in seinem Anblick still zu verharren, so irrte der Blick doch leider allzu gierig schon nach dem Gabentische ab, der mit ganz bestimmten Erwartungen überflogen wurde. An jenem Weihnachtsabend frühester Kinderzeit aber stand ich noch ganz ohne weiteres Verlangen im Banne »der großen Lichterzahl« und der wunderbaren Feierlichkeit der schimmernden Weihnachtsstube. Daß der Weihnachtsmann auch allerlei für einen aufgebaut hatte und daß einem dieses auch wirklich zu eigen gehören sollte, das begriff man erst so nach und nach mit verwunderter Scheu, war dann freilich auch bald all der neuen Herrlichkeiten bis zum Rotglühen glücklich.

Im Beschenken der Kinder waren unsere Eltern aus erzieherischen Gründen im allgemeinen maßvoller, als die mancher meiner Gespielen. Wenn trotzdem der große Gabentisch, eine ausgehängte, sehr lange Flügeltür, die mit weißen Laken überdeckt über zwei Böcke gelegt war, bis auf das letzte Fleckchen besetzt war, so ging das hauptsächlich auf Onkel und Tanten, auf Freunde der Familie, und ganz besonders auf die gute Großmutter zurück und mochte alles in allem viel reichlicher sein, als Vater und Mutter es im Grunde gutheißen konnten. Wenn allerdings mein Vater selber mit seinen geschickten Händen etwas für uns bastelte, dann entstanden wahrhaft großartige Sachen. Da gab es keine Pfuscharbeit; er konnte viel Zeit daran hängen, um die Dinge schön ordentlich, für das Auge wohlgefällig und dabei ungemein dauerhaft zu gestalten, wie etwa einen wunderbaren Kaufladen,

den meine eigenen Kinder vierzig Jahre später dann doch leider ins Jenseits befördert haben.

Ich bin überzeugt, daß an jenem Weihnachtsfest der drei Tannenbäume mein Gabentisch einige gute, solide Spielsachen getragen hat, aber ich kann mich ihrer nicht erinnern. Unauslöschlich eingeprägt hat sich dagegen die Erinnerung an einen Gegenstand, den man getrost als billigsten Warenhaushimphamp hätte bezeichnen können. Er war der Zeit gewissermaßen um dreißig bis vierzig Jahre vorausgeeilt und wurde dank der miserablen Machart und geringen Stabilität noch während der Festtage selber erledigt. Dieses war eine kleine runde Spieldose der kümmerlichsten Art, aus dünnem Blech gefertigt; wenn man an einer Kurbel drehte, haspelte sie eine sich alle fünf Sekunden wiederholende Melodie herunter, die mit großer Eile auf nur ganz wenigen Sprossen der Tonleiter herauf und herunter kletterte und dabei an einigen Stellen noch ein wenig fehltrat. Oben auf der Dose drehte sich indessen ein buntes Männchen. Zu der Klimpermusik erfand ich noch am selben Abend den Text:

Hahaha Pieberpum,
Dieses verrückte Ding!
Hahaha Pieberpum,
Dieses verrückte Ding!
Hahaha …

Was das ist, – ein Pieberpum? – Ich weiß es nicht und kann mich nur wundern, daß diese blödsinnigen Worte im Gedächtnis haften geblieben sind.

Auch vom nächstfolgenden Weihnachtsfest sind es seltsamerweise zwei Dinge aus der Spielzeuggruppe des billigen Himphamps, deren ich mich am lebhaftesten erinnere: Ein dicker blauer Blechschutzmann war

das eine; mit blaurot lackiertem Zorngesicht und einem
gewaltigen schwarzen Schnauzbart schien er etwas in
sein Taschenbuch zu schreiben, und in der Tat standen
dort mit sehr kleinen Buchstaben die Worte eingetra-
gen: »Halten Sie die Schnauze, wenn Sie mit mir spre-
chen!«

Ich selber konnte damals natürlich noch nicht lesen,
habe aber später den Satz oft genug verwundert nach-
buchstabiert, da der Schutzmann eine Reihe von Jahren
erhalten geblieben war. Im übrigen trug er in seinem
breiten Brustkasten anstatt des Herzens ein Uhrwerk;
lief es, so geriet der ganze Schutzmann in wutzitternde
Bewegung, wobei er sich langsam um seine Längsachse
drehte. Zu diesem Schutzmann gehörte aber auch ein
Partner, – und das war der zweite Gegenstand, der mir
so unauslöschlichen Eindruck gemacht hat, – ein
Strolch oder jedenfalls ein sehr fragwürdiges Indivi-
duum mit grobkarierten gelben Hosen und einem lang-
schössigen gelben Frack; auch diesen Blechkerl
bewegte ein Uhrwerk, durch das er die Beine seitwärts
weit auseinander spreizte und wieder zusammenzog,
so daß er in derart despektierlicher Weise vor dem
Auge des Gesetzes auf und ab gaukelte, – auch trug er
einen unglaublich frechen Schlips –, so daß meine Sympathie trotz der schrecklichen Zornröte von vornherein
auf seiten des Schutzmannes war.

Die beiden kleinen Tannenbäume waren nur mit
Engelhaar – das Wort »Lametta« kannten wir noch
nicht – und mit Kerzen geschmückt. Der größere Baum
trug außerdem bunte und silberne Glaskugeln, Sterne,
Ketten, silberne Eiszapfen, Knittergoldfähnchen sowie
herrliche Süßigkeiten. Diese waren damals schon von
der gleichen Art, wie sie auch später lange Jahre hin-

durch wiederkehrten: Rotbäckige Äpfel, die sowohl zum
Schmuck wie zum Herabbiegen der Zweige dienten und
darum erst nach der Plünderung des Tannenbaumes
gegessen werden durften; vergoldete Walnüsse, auf-
gehängt an mit Siegellack befestigten Zwirnsfäden,
Rosinen in kleinen Dreieckstüten aus Goldpapier, Spe-
kulatiusgebäck in Gestalt von allerlei Tieren; bunte
Zuckersachen in Form von Sternchen und Kringeln, darunter solche, die wir als kleinere Kinder nicht essen durften, als größere aber um so lieber aufs Korn nahmen, weil
sie Cognac oder Liquoer enthielten und von uns »Krin-
gellikör« genannt wurden; auch mancherlei Schokola-
denkringel waren vertreten, wobei wir ganz besonders
eine Sorte schätzten, die auf einer Seite mit winzigen
bunten Zuckerperlen bestreut war. Als Glanzpunkte des
eßbaren Baumbehangs aber waren damals einige Scho-
koladensachen vorhanden, deren Größe und umhüllen-
des Silberpapier sie gleichzeitig zu hervorragenden
Schmucksachen machten. Es waren eine Glocke, eine
Trompete, ein Stiefel und eine Geige. Die liebliche
Form der kleinen Geige hatte es mir ganz und gar angetan; immer wieder, abends bei Kerzen und Lampenlicht
wie im grauen Morgendämmer der Weihnachtstage,
wenn es zwischen den Zweigen des Tannenbaums so
süß und geheimnisvoll aus dunklen Tiefen zu blinken
begann, stand ich in zärtlicher Betrachtung der kleinen
Geige hingegeben. Daß man sie hätte essen können, –
etwas so Schreckliches wäre mir überhaupt nicht in den
Sinn gekommen. Und doch blieb mir dieses Schreckliche zu erleben nicht ganz erspart, wenn es auch nur im
Traume geschah. – Während der Weihnachtstage
wachte ich eines Nachts in fassungslosem Schmerz auf
und begann bitterlich zu weinen. Mutter trat an mein

Bett, um mich zu beruhigen, und es bedurfte einer ganzen Weile, bis ich unter Schluchzen den Grund meiner Erschütterung herausbringen konnte: »Ocku hat die Geige aufgegessen!« – Ja, das hatte ich im Traum erlebt, wie Ocku, ausgerechnet der gute Ocku, vor dem Tannenbaum stehend, der Geige erst den Hals abgebissen und sie dann samt dem Silberpapier restlos verschlungen hatte. – Welch selige Beruhigung war es, als Mutter, nachdem sie sicherheitshalber noch einmal nachgeschaut, mir versichern konnte, die Geige hinge noch wohlbehalten an ihrem Platz!

Von den Freunden jener Worpsweder Zeit standen meinen Eltern die Familie Modersohn und die des Malers Paul Schroeter am nächsten. In den Weihnachtstagen besuchte man einander und tauschte Schmuckstücke des Tannenbaumes aus, – symbolhaft dafür, wie die Freunde mit den Freunden lebten.

Diejenigen, die sie gaben und nahmen, sind längst dahin. Und doch hat seit fast sechzig Jahren, bis auf eine einzige Ausnahme, noch jeder Tannenbaum, der in meiner Familie geschmückt worden ist, als behütete Heiligtümer »die alte Schroetersche Laterne« und »die alte Modersohnsche Fahne« getragen.

Die alte Modersohnsche Fahne: Ein Fähnchen aus Knittergold ist das, oder eigentlich aus blattdünnem Messing, immer wieder blank geputzt, das Jahr um Jahr, wenn die Zeit gekommen, aus dunklem Tannengezweig hervorblinkt. Und wird es leise gestreichelt oder auch nur von der Wärme einer Kerze bewegt, so knittert, knistert und flüstert es leise von einer versunkenen Welt.

Die alte Schroetersche Laterne – sie ist nicht mehr schön, ihr messingnes Rähmchen ist schwach und blind, ihre bunten Fensterchen sind schadhaft und einige fehlen –, und doch hat auch sie immer noch ihren Ehrenplatz am Tannenbaum, mag sich auch mancher Weihnachtsgast verwundern über das schäbige alte Ding zwischen den großen blanken Silberkugeln aus neuerer Zeit.

Ein Weihnachtsfest im Felde, aus dem Ersten Weltkrieg, taucht aus der Erinnerung auf. Unser Bataillon lag nach flandrischem Schlamassel in Ruhestellung. Ich war am Morgen in einer frostklirrenden Winterlandschaft weit umhergeritten, um ein Tannenbäumchen zu finden. Vergeblich, – auch nicht das kleinste war aufzutreiben. – Abends gab es eine Feier beim Stabe. Und weil es in der Luft mal wieder nach baldiger Offensive roch, womöglich nach Bewegungskrieg und darum eine beträchtliche Verminderung der schwerfällig gewordenen Bagage geboten war, hatte der Kommandeur die Stabs-Kuh schlachten lassen, um den Weihnachtsschmaus zu liefern. Sie wurde mit ziemlich schlemmerhaften Beigaben in fester wie in flüssiger Form verspeist. Nach militärisch kurzer Ansprache wurde »Stille Nacht« gesungen, und gleich darauf polterte ein vorzeitig angesäuselter Leutnant mit der Klampfe herein, um das schöne Lied von Wilhelm Busch vorzutragen:

Der Stallknecht zu der Kuhmagd spricht:

Mein schönes Kind, ich liebe dich,

Im Kuhstall, – im Kuhuhuhustall!

Das war so prächtig hingemuht, daß es als Nachruf für unsere Stabs-Kuh nicht übel war, – aber!

Als ich spät in der Nacht oder in erster Morgenfrühe in mein Quartier kam, da lag das ersehnte Paket von Mutter und Schwester auf dem Tisch. Unter manchen liebevoll bereiteten Dingen enthielt es einen Band Liliencronscher Gedichte, und zwischen seinen Seiten lag – »die alte Modersohnsche Fahne«. Ich ließ sie zärtlich knistern. Nun war es Weihnachten.

Hans Fallada
Weihnachten damals bei uns daheim

Überall, wo Kinder sind, ist das Weihnachtsfest schön, ich finde natürlich, zu Haus bei uns war es am allerschönsten! Das Hauptverdienst daran trägt sicher der Vater, er hatte eine so liebenswürdig geheimnisvolle Art, unsere Erwartung zu steigern, uns ein bißchen zu foppen und zu necken.

In Berlin halten die Weihnachtsbäume zeitig ihren Einzug auf Straßen und Plätzen. Dann fangen wir Kinder an, Vater zu drängen, daß er auch einen Baum besorgt. Zuerst verschanzt sich Vater dahinter, daß das überhaupt nicht seine Sache sei, sondern die des Weihnachtsmanns. Natürlich kommt er damit bei uns nicht mehr durch, selbst Ede glaubt nicht mehr an diese Figur, seit beim letzten Fest Herrn Markuleits, unseres Portiers, Schuhe unter Vaters umgedrehten Gehpelz erkannt wurden. Nein, Vater soll machen und einen Baum kaufen. Auf dem Winterfeldtplatz gab es die schönsten.

Schließlich versprach Vater, sich umzusehen, in diesen Tagen habe er aber nicht recht Zeit dafür. Doch wir ließen nicht nach mit Drängen. Schließlich ging Vater, und wir alle erwarteten seine Rückkehr mit Spannung. Natürlich kam er leer zurück. Das hatten wir auch nicht anders erwartet, denn Vater kaufte nie etwas sofort. Er erkundigte sich erst überall, wo er es am billigsten bekäme. Aber Vater kam auch recht niedergedrückt heim: die Weihnachtsbäume waren in diesem Jahre unerschwinglich teuer! Er hatte uns doch recht verstanden, wir wollten wieder einen Baum vom Fußboden bis zur Decke –? Nun also, so etwas hatte er sich schon gedacht, aber solche Bäume gab es nicht unter neun Mark, und mehr als fünf wolle er keinesfalls anlegen … Wenn wir uns freilich mit einem auf den Tisch gestellten Bäumlein begnügen wollten –?

Wir schrien Protest. Es gelang dem Vater immer wieder, unsere Leidenschaft und unsern Zweifel zu erregen, obwohl sich alljährlich das gleiche Spiel wiederholte. Wir wußten ja, daß Vater wirklich *sehr* sparsam war, es war ja möglich, daß Weihnachtsbäume in diesem Jahre besonders teuer waren!

Von nun an kam Vater fast alltäglich mit neuen Geschichten über Weihnachtsbäume heim. Und diese Geschichten klangen so echt, mit ihren drastischen Berolinismen, daß wir immer sicherer wurden, Vater war wirklich auf der Suche nach einem Tannenbaum, hatte aber noch keinen gefunden.

Er erzählte uns, wie er am Viktoria-Luise-Platz beinahe, beinahe einen herrlichen Baum gekauft hatte, als er im letzten Augenblick merkte, daß die meisten seiner Zweige nicht an ihm gewachsen, sondern in eingebohrte Löcher gesteckt waren. Vater berichtete von windschiefen Tannenbäumen und von solchen, die jetzt schon nadelten, und von krummen Bäumen. Am Bayrischen Platz hatte Vater einen Baum fast schon gekauft, er und der Händler waren nur noch um fünfundzwanzig Pfennige auseinander, da war ein Wagen vorgefahren, eine Damenstimme hatte gerufen: »Den Baum will ich!« und fast aus Vaters Händen wurde der Baum zum Wagen getragen.

Vater tat sehr geheimnisvoll wegen der Käuferin. Er ließ es für möglich erscheinen, daß es vielleicht eine Prinzessin vom kaiserlichen Hof gewesen sei, oder

auch eine Hofdame, und er stellte uns vor, daß nun vielleicht des Kronprinzen Kinder mit »unserer Tanne«
Weihnachten feierten!

Das versetzte unserer Phantasie einen Schwung,
aber es verhalf uns immer noch nicht zu einer Tanne.
Und das Fest zog näher und näher. Unser Drängen
wurde heftiger. Aber nun wurde Vater plötzlich gleich-
mütig: er habe diese ewige Lauferei nach Tannenbäumen satt, sie würden auch noch immer teurer. Nein,
nun werde er bis zum 24. Dezember warten, wenige
Stunden vor dem Heiligen Abend gingen die Händler
immer mit ihren Preisen herunter, um den Rest loszu-
werden. Freilich riskiere man, daß dann alles fort sei,
aber er, Vater, nehme lieber ein solches Risiko in den
Kauf, als daß er Wucherpreise zahle.

Wenn Vater so redete, schielte ich immer nach den
Fältchen um seine Augen. Sie waren im allgemeinen
sichere Anzeiger für Ernst oder Scherz. Aber Vater
wußte selbst sehr gut, daß solche Anzeiger in seinem
Gesicht saßen, beherrschte oder verbarg sie – kurz, er
brachte uns alle in Unsicherheit. Wir suchten die ganze
Wohnung ab, wir stiegen auf den Boden und in den
Keller, wir fanden keine Tanne, wir verzweifelten.

(Einmal ist es mir bei einer solchen Nachsuche
geschehen, daß ich auf Mutters Versteck stieß, in dem
sie alle unsere Weihnachtsgeschenke verheimlichte.
Ich konnte meiner Neugierde nicht widerstehen und
sah sie alle an. Ich habe nie ein kläglicheres, freudlose-
res Weihnachtsfest als dies erlebt. Ich mußte noch
Freude und Überraschung heucheln, und dabei war mir
zum Heulen zumute! Von da an habe ich in der Weihnachtszeit meine Augen hartnäckig von jedem Paket, es
mochte das harmloseste sein, fortgewendet.)

Also war es ausgemacht und beschlossen, Vater
würde den Baum erst wenige Stunden vor der Bescherung kaufen. Wir waren von Angst erfüllt. Mit Kummer sahen wir die Bestände an Weihnachtsbäumen
dahinschwinden, wir flehten Vater an, aber Vater schien
unerbittlich.

Dafür hatte er ein neues Spiel erfunden, er ließ uns
unsere Geschenke raten. Jeder bekam ein Rätsel auf,
wie dieses: »Es ist rund und aus Holz. Aber es ist auch
eckig und aus Metall. Es ist neu und doch über tausend
Jahre alt: Es ist leicht und doch schwer. Das bekommst
du zu Weihnachten, Hans!«

Da konnte man lange raten! Mutter zwar schrie
manchmal Weh und Ach. »Das ist zu leicht, Vater. Das
muß er ja raten! Du nimmst ihm ja die Vorfreude!«

Aber Vater war seiner Sache sicher, und ich erinnere
mich wirklich nicht eines einzigen Males, daß ich ein
Geschenk erraten hätte.

Unter all diesen Vorbereitungen nahte das Fest. Am
24. Dezember stand Vater ungewohnt früh auf und zog
sich mit Mutter ins Weihnachtszimmer, wie nun sein
Arbeitszimmer hieß, zurück. Über Weihnachten ruhte
alle Arbeit bei ihm. Da wollte er seine Familie ganz für
sich haben. Für alle Fälle versuchten wir die Schlüssel-
löcher, trotzdem wir Vaters Vorsicht kannten: Er ver-
hängte sie immer zuerst. Geheimnisvoll verdeckte
Gegenstände wurden durch die Wohnung getragen.
Alle lächelten, sogar die meist brummige Minna.

Der Vormittag ging für uns Kinder noch so einigermaßen hin. Meist waren wir mit unsern Geschenken
für die Eltern und Geschwister noch nicht fertig. Mit
Eifer wurde laubgesägt, kerbgeschnitzt, spruchge-
brannt, gehäkelt und gestickt, und was es da alles sonst

71

noch für Beschäftigungen gab, durch die man in damaligen Zeiten die Wohnungen immer mit Scheuel und Greuel anfüllte.

Zum Mittagessen gab es immer Rindfleisch mit Brühkartoffeln. Mutter vertrat den Standpunkt, daß wir uns noch früh genug den Magen verderben würden und vorher nicht einfach genug essen könnten. Nach dem Essen aber stieg unsere Spannung so sehr, daß wir eine Pest wurden, aus lauter Kribbligkeit und Erwartung brachen ständig Streitereien zwischen uns aus. Schließlich jagte uns Vater auf die Straße mit dem Machtwort, nicht vor sechs Uhr nach Haus zu kommen, eher fange die Bescherung doch nicht an.

Meist trennten wir vier Geschwister uns sofort, wenn wir auf die Straße kamen. Die Schwestern gingen für sich, und ich machte mich mit Ede auf, um die schon hundertmal besichtigten Schaufenster der Spielwarenläden noch einmal anzusehen. Da stellten wir dann fest, was mittlerweile aus den Schaufenstern genommen war, und machten Pläne für das, was wir uns zum nächsten Weihnachtsfest wünschen wollten. Aber die Zeit wurde uns sehr lang, es schien überhaupt nicht dunkel werden zu wollen, und sonst kam die Dämmerung immer so schnell!

Wir gingen und gingen, aber die Zeit verging nicht. Dann kamen wir auf das Spiel, auf den Granitplatten des Bürgersteigs so zu gehen, daß nie auf eine Ritze getreten wurde. Auch durfte man auf jeden Stein nur einmal treten. Gelang es, so bis zur nächsten Straßenecke zu kommen, so wurde ein Lieblingswunsch erfüllt. Dies war also unser Orakel, und es war gar nicht so leicht! Denn manche Steine waren für unsere Kinderbeine sehr breit, auch verlangten entgegenkommende Erwachsene, daß wir ihnen den Weg frei machten, und neben den Granitplatten lag Kleinpflaster – dann ade Lieblingswunsch!

Schließlich war es doch dämmrig geworden. Wir warteten so lange, bis in irgendeinem Fenster der erste Baum brannte, dann stürzten wir nach Haus mit dem Geschrei: »Die Weihnachtsbäume brennen schon überall! Warum geht's denn bei uns noch nicht los?!«

Meist waren die Schwestern kurz vor uns eingetroffen oder kamen gleich hinterher, und meist waren die Eltern dann auch soweit, und wir brauchten nicht länger am Spieße zu zappeln, wie Vater das nannte ...

Für die letzte Viertelstunde scheuchte Vater auch noch Mutter aus dem Weihnachtszimmer. Er baute ihr noch rasch seine Geschenke auf, auch war es sein eifersüchtig verteidigtes Vorrecht, die Lichter am Baum zu entzünden. In fliegender Hast warf Mutter sich in Gala, wobei sie noch uns auf Sauberkeit und Ordnung prüfte.

Nun versammelten wir uns schon alle erwartungsvoll auf dem Flur, die Herzen schlugen schneller, die Hoffnungen wurden immer ausschweifender. Ich ertappe mich dabei, daß ich vor lauter Aufregung die Fäuste fest geballt habe und immerzu vor mich hinflüsterte: »Au Backe! Au Backe! Au Backe.« Auch Edes Lippen bewegten sich stumm, ich weiß schon, er sagt sich noch einmal das Weihnachtsgedicht auf, das er gleich wird deklamieren müssen ... Nun, in diesem spannendsten Moment, werde ich von Mutter in die Küche geschickt, um die alte Minna zur Eile anzutreiben. Christa ist längst hier ...

Minna ist noch beim Haarmachen. Ihr dunkles spärliches Haar steht in lauter kurzen Mäuseschwänzchen steil vom Kopfe ab. Jedes Schwänzchen wird sorgfältig

mit Ochsenpfotenfett, einer Stangenpomade, einge-
rieben. Ich flehe Minna an, sich zu beeilen, obwohl ich
aus Erfahrung weiß, daß jedes Hetzen bei Minna nur
die Wirkung hat, sie noch zu verlangsamen, und kehre
zu Mutter zurück, um ihr Bericht zu erstatten. Mutter
entscheidet, daß wir auf Minna warten müssen. Aus
dem Bescherungszimmer klingt eine rauhe Stimme:
»Seid ihr auch alle artig?«
Wir brüllen begeistert: »Ja!«
Die Stimme fragt weiter: »Habt ihr euch auch alle
die Zähne geputzt?«
Wir brüllen ebenso begeistert: »Nein!«
Und die Stimme fragt zum dritten Male: »Seid ihr
denn auch alle fertig?«
Wir brüllen eiligst wieder ein »Ja!«, aber Mutter fügt
hastig hinzu: »Wir müssen noch auf Minna warten!«
»Na, denn wartet man!« ruft die Stimme, und hinter
der Tür wird es wieder still.
Aber der Geruch von brennenden Kerzen und Tan-
nennadeln hat sich doch auf dem Flur verbreitet.
Unsere Aufregung kann nun nicht mehr höher steigen.
Ich tanze auf einem Bein wie ein Irrwisch umher, Ede
sieht bleich vor Aufregung aus. Plötzlich geht er, finster
vor Entschlossenheit, auf Christa zu, nimmt ihre Hand
und küßt sie!
Christa wird puterrot und reißt ihm ihre Hand fort.
Wir andern brechen in ein verblüfftes Lachen aus.
»Warum hast du das denn bloß gemacht, Ede?« ruft
Mutter verwundert.
»Nur so!« antwortet er ohne alle Verlegenheit.
»Irgend etwas muß man doch tun, und mir war grade
so! Man wird ja verrückt vor lauter Warten!«
Nach diesen abgerissen hervorgestoßenen Sätzchen

stellt er sich neben mich und haut mich mit der geballten Faust auf den Bizeps. Alle Vorbedingungen für die schönste Keilerei sind gegeben, aber ...

Aber da erscheint endlich Minna! Ich finde, ihr glatt an den Schädel geschmiertes Haar sieht nicht anders aus als sonst, darum hätte sie uns wirklich nicht so lange warten lassen müssen!

Mutter ruft: »Vater, wir sind soweit!« und fast augenblicklich ertönt das silberne Bimmeln eines kleinen Glöckchens. Sofort nehmen wir Aufstellung, und zwar ist nach dem Alter anzutreten, was auch genau der Größe entspricht. Wir stehen hintereinander wie die Orgelpfeifen, nur die zu kurz geratene Minna zwischen Christa und der Mutter stört ...

Die Tür zum Bescherungszimmer fliegt auf, eine strahlende Helligkeit begrüßt uns. Geführt von Ede rücken wir im Gänsemarsch ein. Vater, am Flügel sitzend, sieht uns mit einem glücklichen Lächeln entgegen.

Nach geheiligtem Gesetz dürfen wir weder rechts noch links schauen, wir haben schnurstracks auf den Baum loszumarschieren und vor ihm Aufstellung zu nehmen, nach dem Satz: erst kommt die Pflicht, dann das Vergnügen. Die Pflichterfüllung aber besteht darin, daß Vater nach einem kurzen Vorspiel das Lied »Stille Nacht, heilige Nacht« spielt, nun setzen wir ein, und es wird gesungen. Das heißt, wir sind natürlich nicht wir, ich brumme nur so mit, und auch das gebe ich gleich wieder auf: die klettern ja auf alle Gipfel!

Unterdes mustere ich den Baum. Jawohl, es ist doch wieder ein Weihnachtsbaum geworden, wie er sein soll, vom Fußboden bis zur Decke. Vater hat uns also wieder reingelegt, denn diesen Baum hat er bestimmt nicht erst in der letzten Stunde gekauft! Wo er ihn nur so lange versteckt haben mag?! Im nächsten Jahr falle ich aber bestimmt nicht wieder darauf rein!

Der Baum trägt all den bunten Schmuck, den wir seit unsern frühesten Kindertagen kennen, Gold und Silber, bunte Papierketten, allerlei geometrische Figuren in Rhombengestalt, Vielecke, bei denen jede Seite anders bunt ist, Erzeugnisse unserer Pappklebereien an langen Winterabenden. Dazu uralter wächsener Schmuck noch aus Vaters Elternhaus, zart bemalte Engelchen und vor allem ein Kanarienvogel in grünem Ring, den Mutter jedes Jahr von neuem verbannt wissen will, denn es fehlt ihm die ganze Hinterfront. Aber Vater besteht mit uns Kindern auf seiner Anwesenheit, er gehört zu unsern Weihnachten. Dazu aber trägt der Baum in Fülle bunte Zuckerringe und Brezeln, schwarze Schokoladenfiguren, vergoldete Nüsse. Siehe da, nichts ist vergessen, auch die traditionellen Knallbonbons entdecke ich, mit denen wir bei der Baumplünderung Silvesterabend das neue Jahr einschießen werden!

Der Gesang ist beendet, Vater tritt in unsern Kreis und sagt ermunternd: »Nun los, Ede, nur Mut!«

Und Ede fängt nach kurzem Räuspern an, sein Weihnachtsgedicht aufzusagen. Es dauert nicht lange, und nun bin ich dran. Mein Teil ist die Weihnachtsgeschichte: »Es begab sich aber zu der Zeit, daß ein Gebot von dem Kaiser Augustus ausging, daß alle Welt geschätzet würde …« Ich weiß eigentlich gar nicht, wieso gerade ich immer dazu kam, an der Weihnachtsgeschichte kleben zu bleiben, die andern hatten es mit ihren kürzeren Versen viel bequemer. Die Annahme, daß meine Eltern schon damals erkannt hatten, ich eigne mich mehr für Prosa als für Lyrik, scheint mir doch etwas gewagt.

Ich erledigte meine Geschichte glatt, und nun sind die Schwestern dran. Gottlob gibt es auch bei ihnen keine Schwierigkeiten. Einmal nämlich war Fiete zu faul gewesen, ein Weihnachtsgedicht zu lernen, und hatte einfach das letzte in der Schule gelernte Gedicht als Ersatz geliefert. Es war das schöne Bürgersche »Lenore fuhr ums Morgenrot«, worunter ich mir damals Lenore auf dem Wagen des Sonnengottes um das Morgenrot herumfahrend dachte. Aber so schön das Gedicht auch sein mochte, es hatte einige Erregung, Tränen, Verzögerung der Bescherung gegeben ... Gottlob war Heiliger Abend, an dem alles verziehen und vergeben wird!

Während die Schwestern aufsagen, schiele ich doch schon nach den Tischen. Ich möchte doch wenigstens sehen, wo mein Tisch steht, damit ich ihn nachher gleich finde. Im vorigen Jahr stand er beim Ofen. Aber beim ersten Umherschauen blendet mich eine solche Fülle von weißen Tischtüchern, Kerzchen, Bücherreihen, bunt lackiertem Zeug auf jedem Tisch, daß ich überhaupt keine Einzelheiten sehe. Und schon ist Vater hinter mir, dreht meinen Kopf wieder zum Baum und flüstert: »Willst du wohl mal nicht schielen! Alle Geschenke fliegen fort, wenn du schielst!«

Das glaubte ich nun freilich nicht mehr, aber es schien mir doch weise, Vaters Aufforderung zu folgen.

Gottlob ist Itzenplitz jetzt endlich auch fertig. Was hat sie eigentlich aufgesagt? Ich habe kein Wort gehört! Nun gehen wir bei allen umher, allen wünschen wir ein Fröhliches Weihnachtsfest, von den Eltern bekommen wir einen Kuß, und nun ertönt endlich, endlich, endlich der Ruf: »Und jetzt sucht sich jeder seinen Tisch!«

Einen Augenblick Verwirrung, Durcheinanderlaufen – und Stille! Tiefe Stille!

Jeder steht fast atemlos vor seinem Tisch. Noch wird nichts angefaßt, nur geschaut. Also, da ist er nun wirklich, der lang ersehnte Anker-Brückenbaukasten. Endlich werde ich Cäsar seine Brücke über den Rhein schlagen lassen können. Und da steht Hagenbecks »Leben mit meinen Tieren«. Und daneben, wahrhaftig! ein Nansen, mein erster Nansen! Gott, ich werde zu lesen haben in diesen Weihnachtstagen ... Und da, in runden Holzschachteln, römische Legionen, Germanen und wirklich auch griechische Streitwagen! Ich werde eine Schlacht schlagen können –! Ich atme tief auf! Gott, ist das alles schön! Sie sind alle so gut zu mir, und ich bin oft so ruppig! Aber von jetzt an wird alles ganz anders werden, ich will ihnen nur noch Freude machen! Und aufgeregt fange ich an, die Bleisoldaten Schicht für Schicht aus den Schachteln zu nehmen ...

Die Stille im Bescherungszimmer ist einem freudigen Lärm gewichen, überall wird gezeigt, gerufen ... Schon wird hin und her gelaufen, die Schwestern haben einen ersten Überblick gewonnen und sind nun neugierig ... Vater und Mutter lassen sich bald an diesem, bald an jenem Tische sehen. Mutter besteht darauf, daß wir auch das »Nützliche« würdigen: neue Unterhosen oder einen Anzug. Aber das Nützliche ist uns egal, Unterhosen hätten wir sowieso haben müssen, Unterhosen sind nicht Weihnachten, aber Bleisoldaten sind es! Ein bunter Teller ist es, der überquillt von Süßigkeiten. Mit scharfem Blick mustere ich die Anzahl der Apfelsinen und Mandarinen auf dem Teller. Es sind beruhigend wenig, die Hauptsache besteht aus guter solider Leckerei zum Magenverderben. Und als Reserve ist da immer noch der Weihnachtsbaum mit seinem Behang. Es ist zwar verboten, an seine Süßigkeiten vor Silvester, vor der Plünderung zu gehen, aber jedes Stück kennt Vater doch nicht, und in der Weihnachtszeit sind alle Verbote gelockert.

Das Ergebnis war regelmäßig, da die Geschwister ebenso dachten, daß am Silvesterabend die Vorderseite des Baumes einen freilich nur spärlichen Paradebehang aufwies. Die Rückseite aber war ratzekahl. Worüber sich Vater ebenso regelmäßig ärgerte, aber nur mäßig, nur weihnachtlich.

Plötzlich tönt ein verzweifeltes Schluchzen durch den Raum. Wir alle fahren hoch und starren. Es ist Christa, die zum erstenmal das Weihnachtsfest fern dem elterlichen Haus verlebt. Der Kummer und die Freude im Verein haben sie überwältigt ...

»Ach, ich bin ja so unglücklich! Ach, wenn ich doch zu Haus sein könnte! Ach, Frau Rat, Sie meinen es ja so gut, und die Nachthemden sind viel zu schön für mich, aber wenn ich sie doch nur für fünf Minuten meiner Mutter zeigen könnte! Ach, ich habe ja alles gar nicht verdient! Nein, ich habe es nicht, Frau Rat! Den Saucenrest in der letzten Woche, den Frau Rat so gesucht hat, den habe ich genascht! Und zwei Kalbsbratenscheiben habe ich auch gegessen! Aber sonst nichts, sonst bestimmt nichts! Und nun soll ich wirklich das schöne Nachthemd anziehen – nein, ich bin ja so unglücklich!«

Das Schluchzen verlor sich in der Ferne, Mutter führte die Gebrochene in stillere, für Beichten geeignetere Räume ab.

Haben wir nun alles gesehen? Können wir nun anfangen mit Spielen und Naschen und Lesen? Nein, denn nun fängt die Bescherung noch einmal an! Wir haben ja so viele Tanten und Onkel: was die sich zum Weihnachtsfest für uns ausgedacht haben, liegt noch säuberlich verpackt in Paketen, wie sie der Postbote brachte, unter Vaters Schreibtisch. Wir versammeln uns um Vater, auch Mutter ist wieder da, die Mädchen sind in der Küche und legen die letzte Hand an das Abendessen, es fängt nun an die Bescherung nach der Bescherung, die Festfreude in der Festfreude.

Aber das geht nicht so schnell, denn bei Vater muß alles ordentlich zugehen, mit Bedächtigkeit. Er nimmt das erste Paket, er verkündet: »Von Tante Hermine und Onkel Peter«, und vorsichtig fängt er an, den Bindfaden aufzuknoten. In diesem Hause darf nie ein Bindfaden aufgeschnitten werden, alles wird verknüppert, und sei es aus noch so vielen Enden gestückt, mit dicken Knoten verunziert. Zappelig sehen wir Kinder zu. Der Knoten will ja gar nicht aufgehen. Aber Vater hat die Ruhe, wenn wir sie nicht haben. Kunstvoll schlingt er jetzt aus dem abgelösten Bindfaden ein Gebilde, das wir den »Rettungsring« nennen. »Ede, den Bindfadenkasten«, ruft Vater, und Ede trägt ihn herzu. Der Rettungsring wird zu den andern schon gesammelten gelegt, bereit zur nächsten Benutzung. Das Packpapier wird methodisch zusammengelegt – und der darunter sichtbare Karton ist noch einmal verschnürt!

Wir Kinder verzweifeln fast vor Ungeduld. Nochmaliges Knüppern und Zusammenrollen. Nun aber wird der Deckel vom Karton abgenommen – und auf dem weißen, alles verhüllenden Seidenpapier liegt der Weihnachtsbrief.

Ein nochmaliger langer Aufenthalt, erst wird der Brief vorgelesen, ehe das Paket ausgepackt wird. Und manche Briefe sind sehr lang, fast ebenso lang wie langweilig, finden wenigstens wir Kinder.

Aber endlich ist es dann soweit. Es wird ausgepackt, es wird verteilt. Die einen freuen sich, die andern versuchen, ihre Enttäuschung zu verbergen. Es ist oft nicht leicht für die Onkel und Tanten, das Rechte zu treffen. Die uns länger nicht besucht haben, halten uns noch für die reinen Babies, sie haben keine Ahnung, wie wir zugenommen haben an Weisheit und Verstand.

Der leere Karton wird beiseite gesetzt, die Geschenke zu den Tischen getragen, und nun kommt ein neuer Karton an die Reihe.

»Von Onkel Albert!« verkündet der Vater.

So geht es langsam durch zehn oder zwölf Pakete, unsere Geduld wird auf eine harte Probe gestellt. Aber vielleicht ist es grade das, was Vater mit dieser übertriebenen Langsamkeit erreichen will: wir sollen warten lernen. »Kinder dürfen nicht gierig sein!« Das war ein Fundamentalsatz unserer Erziehung. (Ich dachte damals oft, wenn ich ihn hörte: also dürfen die großen Leute gierig sein? Die haben's aber gut!) »Sei bloß nicht so gierig«, diese Mahnung ist mir hundert-, tausendmal in meiner Jugend zugerufen worden …

Schließlich ging auch das Pakete-Auspacken zu Ende. Unsere Tische konnten schon alle Geschenke nicht mehr fassen, sie wurden schon darunter gesetzt, und ganz ehrlich seufzte ich einmal: »Es ist ja alles viel zuviel!« Meine Eltern seufzten auch und dachten dasselbe. Es kam eben durch die ausgebreitete, geschenkfreudige Verwandschaft. Die Eltern waren gar nicht für die übertriebene Schenkerei, sie hielten sich in ganz bestimmten Grenzen. Für jedes Kind hatte Vater eine Summe ausgeworfen, die Mutter bei ihren Einkäufen nicht überschreiten sollte, darauf sah Vater sehr.

Diese kleine Pedanterie Vaters hat einmal meinem Bruder Ede und mir ein ganzes Weihnachtsfest verdorben. Das kam so: Ich hatte mich dem Drama zugewendet und hatte mir ein Puppentheater gewünscht, mit der Dekoration zum Freischütz. Schon lange, ehe Weihnachten war, hatte ich mir ausgedacht, wie wunderbar ich die Wolfsschlucht ausstatten wollte. Der Mond sollte transparent gemacht werden und mittels einer hinter ihm angebrachten Kerze richtig scheinen, auch war bereits im voraus Magnesium für die Blitze beschafft. Ede hatte sich Bleifiguren zum Robinson Crusoe gewünscht.

Schon beim Aufsagen der Gedichte hatte ich die ragende Proszeniumswand des Puppentheaters entdeckt, mein Herz war freudig bewegt. Sobald wir das »Aufsagen« hinter uns hatten, stürzte ich zu »meinem Theater«. Jawohl, das war es, und grade die Dekoration zur Wolfsschlucht war aufgestellt. Ich betrachtete sie, starr vor Entzücken, sie übertraf alle meine Erwartungen!

Da aber war Vater hinter mir und sagte: »Nein, Hans, das ist nicht dein Tisch. Das ist Edes Tisch! Du bekommst den Robinson Crusoe!« Und als er mein bestürztes Gesicht sah, setzte er erklärend hinzu: »Sieh mal, Hans, du bist beim letzten Weihnachtsfest ein bißchen zu gut weggekommen und der Ede zu schlecht. Das Puppentheater ist viel teurer als die Bleifiguren, das muß also Ede bekommen ...«

Und er führte mich von der Wolfsschlucht fort zu dem albernen Robinson.

Wie gesagt, ein völlig verdorbenes Fest! Wir Brüder konnten schlecht unsere Enttäuschung verbergen, wollten es wohl auch gar nicht und rührten unsere

Geschenke überhaupt nicht an. Dafür schielten wir um so intensiver zum Tisch des andern. Mein guter Vater sah das wohl und fing an, sich erst gelinde, dann kräftig zu ärgern. Ein paar energische Scheltworte konnten unsere Festfreude auch nicht heben. Schließlich bekamen wir den dienstlichen Befehl, gefälligst nicht zu maulen, sondern mit unseren Geschenken zu spielen. Wir taten es mit so herausfordernder Lieblosigkeit, daß Vater uns zornentbrannt ins Bett steckte. Manchmal verlor eben auch er die Geduld – und hatte nun auch sein verdorbenes Fest!

Oft bin ich später gefragt worden, warum wir Brüder die Geschenke nicht einfach nach dem Fest untereinander austauschten. Aber wer so fragt, kennt unsern Vater nicht. Grade weil wir am Festabend gemuckst und getrotzt hatten, sah er darauf und kontrollierte es auch, daß nach seinem Befehl gehandelt wurde. So gütig und geduldig er auch war, so empfindlich war er doch auch gegen jede Auflehnung, und wo er gar etwas wie Gehorsamsverweigerung spürte, wurde er unerbittlich. Gehorsam mußte sein, das war ein Grundsatz bei ihm, an dem nicht gerüttelt werden durfte.

In solchen Fällen war er dann auch taub gegen alle Fürbitten der Mutter, die nach Frauenart nicht viel von Prinzipien hielt, sondern lebensklüger vom einzelnen Fall ausging. Für Vater war die Sache sehr einfach: ich hatte das vorige Mal zu viel bekommen, also bekam ich jetzt wenig, das mußte der Dümmste verstehen. Auf den Gedanken, daß es uns Kindern ganz gleich war, wieviel Geld ein Geschenk kostete, ist er leider nicht gekommen. Für Ede war das teure Puppentheater nicht eine Mark wert, der Robinson aber viele hunderte, wenn man Freude überhaupt in Geld ausdrücken kann …

Doch war dieses gar zu ausgerechnete Weihnachtsfest eine einzige Ausnahme unter vielen, vielen durch nichts getrübten. Wenn wir dann fertig beschert und ausgepackt hatten, ging es zum Essen. Wir Kinder freilich folgten an diesem Abend nur ungern dem Ruf zu Tisch, wir hätten viel lieber weiter mit unsern Spielsachen gespielt und unsern Hunger von den bunten Tellern gestillt.

Aber das wurde natürlich nicht geduldet. In weiser Voraussicht gab es am Heiligen Abend stets Heringssalat, Mutter meinte, vor soviel Süßigkeiten sei etwas Saures das Beste! Schließlich aßen wir doch alle mit gesundem Appetit von den vielen schönen Sachen, und die Begeisterung schlug hohe Wellen. Immerzu wurde davon gesprochen, was jeder von seinen Geschenken besonders mochte, ein Kind ließ kaum das andere zu Wort kommen, jedes wollte den Eltern etwas von seiner Freude erzählen.

Aber vor allem wurde Vater gefragt, was denn nun seine Rätsel zu bedeuten hätten, ich hatte die Lösung des meinen auf dem Tisch nicht finden können und bildete mir nun ein, Vater habe noch ein besonderes Geschenk in der Hinterhand.

»Das ist doch so leicht, Hans«, sagte Vater. »Deine Zinnsoldaten sind eckig, aber die Schachtel um sie ist rund. Sie ist auch leicht, und die Soldaten sind schwer. Römische Legionäre hat es vor tausend Jahren gegeben, und doch besitzt du sie heute. – Na, das zu raten war doch wirklich kein Kunststück, Hans!«

Und das fand ich nun auch.

Dann kam noch der lange Abend, an dem wir bis zehn aufbleiben durften. Während wir uns mit unsern Sachen abgaben – Itzenplitz las natürlich schon, als müsse sie ihre sämtlichen Bücher noch an diesem Weihnachtsabend durchrasen – saß Vater am Flügel und spielte einiges von den neuen Noten durch, die Mutter ihm geschenkt hatte. Mutter aber erschien nur zu kurzen Besuchen im Bescherungszimmer, denn in der Küche wurde noch gewaltig gearbeitet. Die weihnachtliche Gans für den nächsten Tag wurde vorbereitet und überhaupt so viel wie möglich vorgekocht, denn die Mädchen sollten es in den beiden nächsten Tagen auch leichter haben.

Dann ging es ins Bett. Bücher mitzunehmen war verboten, aber irgendein besonders geliebtes Spielzeug durfte sich jedes auf den Stuhl vor seinem Bett stellen. Und dann das Erwachen am nächsten Morgen! Dies Gefühl, aufzuwachen und zu wissen: heute ist wirklich Weihnachten! Wovon wir seit einem Vierteljahr geredet, auf das wir so lange schon gehofft hatten, nun war es wirklich da!

Noch im Hemd schlich man in die Weihnachtsstube, aber so früh man auch kam, meistens war schon ein anderes da. Da saß man denn, fror ein bißchen (denn es war noch nicht geheizt) und betrachtete mit ruhigem Besitzerstolz die neuen Schätze. Dazu wurde von den Tellern genascht; war man aber ganz schamlos, schlich man auch schon an die Rückseite des Baumes und schonte die eigenen Vorräte.

Am Vormittag dann ging das Besuchen los. Alle Jungen besuchten einander, alle Mädchen besuchten einander, es war ein ständiges Kommen und Gehen, ein ohrenbetäubendes Geschnatter. Offiziell erfolgten diese Besuche, um einander ein frohes Fest zu wünschen, in Wirklichkeit wurden die Geschenke angesehen, verglichen, gebilligt oder verworfen.

Der arme Vater aber war ohne bleibende Stätte. Er trug es mit Sanftmut und sah nur selten und kurz in seine Akten. Der zweite Weihnachtstag verlief schon nicht mehr ganz so ungetrübt, denn der Vormittag mußte den ersten Dankbriefen gewidmet werden. »Man kann nicht früh genug damit anfangen«, sagte Vater mahnend. »Sie haben euch ja pünktlich zum Weihnachtsfest die Pakete gesandt, nun dankt ihnen auch pünktlich und wünscht ihnen Glück zum neuen Jahr!«

Diese Dankbriefe waren eine schreckliche Quälerei. Wir erfuhren es wieder einmal, daß es kein ganz reines Glück auf Erden gebe; zehn bis zwölf Pakete bekommen zu haben, war sehr angenehm gewesen, aber nun bedeutet das für jeden von uns zehn bis zwölf Dankbriefe! Ich entwickelte hohe Fähigkeiten, meine Buchstaben sehr groß zu schreiben. Auch schrieb ich der ganzen Verwandtschaft den gleichen Brief, immer von der Besorgnis erfüllt, sie könnten es doch merken. Ich hatte so eine Idee, die Onkel und Tanten tauschten diese wertvollen Schriftstücke untereinander aus!

Rainer Maria Rilke
Weihnachten in Rom

An Ellen Key

Rom, Villa Strohl-Fern,
am 22. Dezember 1903

Meine Freundin,
nach vielen langen Regentagen mit schweren,
fallenden Himmeln hebt hier eine Art von Frühling
an; Duft kommt aus den Büschen, und die Lorbeer-
bäume, die der Mittag erwärmt, riechen nach ersten
Sommertagen. Es gibt Sträucher, an denen die langen
Kätzchen hängen, und andere Sträucher, die morgen
blühen werden, wenn die Nacht so sanft ist wie diese
letzten Nächte, die im wachsenden Monde langsam
und milde vergangen sind. Und dabei ist Weihnacht
nah; die Leute sagen es wenigstens, und kommt man
abends in die überhellen Straßen der Stadt, so ist das
Gedränge groß, und die Schaufenster schimmern.
Hier aber in dem großen Garten, in dem wir wohnen,
wird nicht Weihnacht sein; ein Tag wird kommen,
hell und strahlend, und wird vergehen, und ein Früh-
lingsabend wird sein – ein Abend mit fernen däm-
mernden Himmeln, aus denen plötzlich alle Sterne
brechen, alle die vielen Sterne, die über südlichen Gär-
ten leben.

Für uns aber wird dieser Abend nur eine stille
Stunde sein, nichts mehr; wir werden in dem entle-
genen kleinen Gartenhaus sitzen und an jene denken,
die Weihnacht haben; an unsere kleine liebe Ruth und

an uns, als ob wir selbst noch irgendwo die Kinder
wären, die wir einmal waren – die wartenden, froh-
bangen Weihnachtskinder, auf die die großen Überra-
schungen zukommen wie Engel aus Innen und Außen;
wie Kinder, die das Dunkel jener Abende, die dem
einen Abend vorangingen, fürchteten und liebten; die
fühlten, wie klein in jenen Dezembertagen, die das
Fest vorbereiteten, der Kreis der Lampe war und wie
immer geheimnisvoller die Stube ringsum sich verlor,
so daß man gar nicht sagen konnte, wo ihre Wände
waren und ob man nicht an einem runden Tische mitten im Walde saß ... Bis dann alles Dunkel sich in
Glanz verwandelte, so daß man auch die geringsten
Dinge glänzen sah.

Aber damit alles dies geschehen konnte, mußten
große Winde gewesen sein, lange Nächte, in denen
der Sturm alles war, mußte man überstanden haben –
Nächte und Tage, die verhangen waren, halbhell und
schwach, wie ein Verzögern des Morgens nur, bis an
den frühen Abend hin, alles, bis zu jenem großen stil-
len Schneefall, der fiel und fiel und machte, daß die
Welt sich leiser bewegte, der Tag geräuschloser lief
und Nacht heimlicher kam –

Aber das wir so nördlicher Dinge gedenken, die mit
unserem Kindsein sehr verflochten sind, sind wir
Ihnen, meine liebe Freundin, mit dem Herzen nah:
wir stellen uns das kleine Haus vor, in dem Sie jetzt
wohnen und schreiben, bei der Lampe an einem schönen Buche schreiben, das wir einmal lesen werden;
und stellen uns vor, daß es tief und allein im großen
Winter liegt, Ihr kleines Haus, in dem die lieben
ererbten Möbel und die gewohnten Dinge freundlich
stehen, und daß es eine echte, wirkliche Weihnacht

haben wird. Und zu dieser Weihnacht senden wir viele, viele Wünsche hin!

Ich denke viel an Sie, meine Freundin, und komme bald mehr von mir erzählen. Dieses sollte nur ein Grüßen sein und ein Zeichen von Liebe und Nähe.

Ihr Rainer Maria Rilke

Hermann Hesse
Weihnacht

Dezember 1917

Auch früher schon, ehe die große Mahnung an uns ergangen war, bekam ich an Weihnachten je und je leise Widerstände, bekam einen etwas unangenehmen Geschmack auf der Zunge zu fühlen, wie bei einer Sache, welche zwar hübsch, aber nicht ganz echt ist, welche zwar allgemein Vertrauen und Achtung genießt, welcher man aber ganz heimlich doch ein wenig mißtraut.

Jetzt, da die vierte Kriegsweihnacht kommt, ist der Geschmack auf der Zunge unüberwindlich geworden. Gewiß, ich feiere Weihnacht, weil ich Kinder habe, die ich nicht um eine Freude bringen will. Aber ich begehe diese Kinderweihnacht ebenso, wie ich in meiner Kriegstätigkeit die Gefangenenweihnacht begehe – als einen hergebrachten, festlich-offiziellen Akt verjährten Herkommens, verstaubter Sentimentalität. Den armen Kriegsgefangenen, die wir seit drei Jahren wie Schwerverbrecher schmachten lassen, schicken wir hübsche Kisten und Päckchen mit Tannenzweigen darin – es ist rührend, und ich fühle das Rührende daran selber zuzeiten stark, denke mir die Gefühle eines Gefangenen, der sein kleines Geschenkchen erhält, male mir aus, welch ein Strom von Erinnerungen ihn unter Umständen beim Duft eines Tannenzweiges überfallen kann. Aber auch das ist ja schließlich nichts als eine Sentimentalität.

Und ebenso wie wir die Gefangenen jahrelang einsperren, obwohl sie nichts getan haben, als sich von einem Sturmangriff oder einer gewaltsamen Erkundung überraschen zu lassen, und wie wir diese armen Hunderttausende und Millionen dann an Weihnachten mit einer gefühlvollen Gabe heimsuchen und sie an das Fest der Liebe erinnern – ebenso machen wir es mit unseren Kindern. Einmal im Jahr lassen wir sie sich an der Legende von der göttlichen Liebe freuen, sind einen Abend lang beim Christbaum mit ihnen rührend nett und erziehen sie im übrigen zum selben Schicksal, das wir heut alle verfluchen.

Wenn der Kriegsgefangene mir das hübsche Weihnachtspaket, das ich ihm schicke, ins Gesicht schmeißt und den sentimentalen Tannenzweig mit Füßen tritt, so hat er ganz recht. Und wenn unsere Kinder uns am Lichterbaum unsere ganze Ergriffenheit und Erlöstheit durch das Christkind nicht recht glauben können und uns für ein wenig falsch oder doch für ziemlich komisch ansehen, so haben sie ebenfalls völlig recht.

Unsere Weihnacht ist, von den paar wirklich Frommen abgesehen, ja schon sehr lange eine Sentimentalität. Zum Teil ist sie noch Schlimmeres geworden, Reklameobjekt, Basis für Schwindelunternehmungen, beliebtester Boden für Kitschfabrikation.

Das kommt daher: die Weihnacht und das Fest der Liebe und Kindlichkeit ist für uns alle schon längst nicht mehr Ausdruck eines Gefühls. Es ist das Gegenteil, ist längst nur noch Ersatz und Talmi-Nachahmung eines Gefühls. Wir tun einmal im Jahre so, als legten wir großen Wert auf schöne Gefühle, als ließen wir es uns herzlich gern etwas kosten, ein Fest unserer Seele zu feiern. Dabei kann die vorübergehende Ergriffenheit von der wirklichen Schönheit solcher Gefühle sehr echt sein; je echter und gefühlvoller sie ist, desto mehr ist sie Sentimentalität. Sentimentalität ist unser typisches Verhalten der Weihnacht und den wenigen anderen äußeren Anlässen gegenüber, bei denen noch heute Reste der christlichen Lebensordnung in unser Tagesleben eingreifen. Unser Gefühl dabei ist dieses: »Wie schön ist doch dieser Liebesgedanke, wie wahr ist es, daß nur Liebe erlösen kann! Und wie schade und bedauerlich, daß unsere Verhältnisse uns nur einen einzigen Abend im Jahr den Luxus dieses schönen Gefühls gestatten, daß wir sonst jahraus jahrein durch Geschäfte und andere wichtige Sorgen davon abgehalten sind!« Dies Gefühl trägt alle Merkmale der Sentimentalität. Denn Sentimentalität ist das Sich-Erlaben an Gefühlen, die man in Wirklichkeit nicht ernst genug nimmt, um ihnen irgendein Opfer zu bringen, um sie irgend je zur Tat zu machen.

Wenn die Pfarrer und Frommen klagen, daß der Glaube und damit das Glück aus der Welt geschwunden sei, so haben sie recht. Unser Verhalten gegen alle wirklichen Werte des Menschen ist von einer Barbarei und Roheit, wie sie die Welt seit Jahrhunderten nicht mehr gesehen hat. Dies zeigt sich in unserm Verhalten zur Religion, in unserm Verhalten zur Kunst, in unserer Kunst selber. Denn die beliebte Meinung, daß die Kunst des modernen Europa auf einer ungeheuer hohen Stufe stehe, ist ebenso ein Irrtum der Bildungsphilister wie die Meinung vom Vorhandensein einer hochstehenden und Respekt verdienenden »Kultur« unserer Zeit.

Der »Gebildete« von heute verhält sich zur Lehre Jesu so, daß er das ganze Jahr hindurch an sie nicht denkt und nach ihr nicht lebt, daß er aber am Weih-

nachtsabend einer vagen wehmütigen Kindererin-
nerung nachgibt und ein wenig in zahmen, wohlfeil-
frommen Gefühlen schwelgt, ebenso wie er noch ein-
oder zweimal im Jahre, etwa bei Aufführung der
Matthäuspassion, dieser zwar längst verlassenen, dennoch aber noch unheimlichen und im Verborgenen
mächtigen Welt seine Reverenz macht.

Ja, das alles gibt man zu, jedermann weiß es, und
jeder weiß auch, daß es traurig ist. Schuld daran sind
politische und ökonomische Entwicklungen, sagt man,
schuld ist der Staat, schuld ist der Militarismus, und so
weiter. Denn irgend etwas muß ja doch schuld sein.
Kein Volk hat »den Krieg gewollt«, ebenso wie kein
Volk den Vierzehnstundentag, die Wohnungsnot und
die Kindersterblichkeit »gewollt« hat.

Ehe wir wieder Weihnacht feiern und das Ewige und
einzig Wichtige in uns mit einem verlogenen Ersatzar-
tikel von Gefühl abspeisen, sollten wir uns lieber dieses
ganzen Elendes recht bewußt werden, auch wenn es
zur Verzweiflung führt. Schuld an unserem Elend,
schuld an der Nichtigkeit und rohen Verödung unseres
Lebens, schuld am Krieg, schuld am Hunger, schuld an
allem Bösen und Traurigen ist keine Idee und kein
Prinzip, schuld daran sind wir, wir selber. Und auch nur
durch uns, durch unsere Erkenntnis, durch unsern Willen kann es anders werden.

Ob wir dann die Lehre Jesu wieder aufnehmen und
uns neu zu eigen machen, oder ob wir andere Formen
suchen, das ist einerlei. Die Lehre Jesu und die Lehre
Lao Tses, die Lehre der Veden und die Lehre Goethes
ist in dem, worin sie das ewig Menschliche trifft, die-
selbe. Es gibt nur eine Lehre. Es gibt nur eine Religion.
Es gibt nur ein Glück. Tausend Formen, tausend Ver-

künder, aber nur einen Ruf, nur eine Stimme. Die Stimme Gottes kommt nicht vom Sinai und nicht aus der Bibel, das Wesen der Liebe, der Schönheit, der Heiligkeit liegt nicht im Christentum, nicht in der Antike, nicht bei Goethe, nicht bei Tolstoi – es liegt in dir, in dir und in mir, in jedem von uns. Dies ist die alte, einzige, immer in sich gleiche Lehre, unsere einzige ewig gültige Wahrheit. Es ist die Lehre vom »Himmelreich«, welches wir »inwendig in uns« tragen.

Zündet euren Kindern die Weihnachtsbäume an! Lasset sie Weihnachtslieder singen! Aber betrüget euch selber nicht, seid nicht immer und immer wieder zufrieden mit diesem ärmlichen, sentimentalen, schäbigen Gefühl, mit dem ihr eure Feste alle feiert! Verlangt mehr von euch! Denn auch die Liebe und Freude, das geheimnisvolle Ding, das wir »Glück« nennen, ist nicht da und nicht dort, sondern nur »inwendig in uns«.

Hermann Hesse

Wilhelmine Corinth
Weihnachten bei den Conrinthern

J anuar 1990. Man verschreibt sich noch oft auf den
Schecks, aber es ist wirklich 1990. Das Jahr 2000 ist
nicht mehr allzu weit. Unvorstellbar. Ich sehe mich
um in unserem schönen New Yorker Wohnzimmer
und registriere das, was noch übriggeblieben ist von
Weihnachten. Ich habe sie noch nicht weggeräumt, die
schönen Weihnachtsdekorationen, die wir jedes Jahr
wieder herausholen. Sorgfältig verwahre ich sie in
einem Wandschrank – für das nächste Jahr. Ich hänge an
diesen Dingen, an den vergoldeten Engelchen, den
winzigen Zwergen, den Kugeln, dem Lametta und den
altmodischen Kerzenhaltern. Einen Weihnachtsbaum
allerdings gibt es bei uns nicht mehr. Er macht uns
zuviel Arbeit. Außerdem muß ich ihn nachher wegwerfen und dann liegt er irgendwo auf der Straße herum,
oft bis in den Februar und den März hinein. Das macht
mich immer ganz traurig, wenn ich diese abgearbeite-
ten Weihnachtsbäume auf den Straßen liegen sehe.
Weihnachten in New York! Ich dekoriere meine hübschen Dinge an großen Tannenzweigen. Wenn ich die
in die Mülltonne werfen muß, macht mir das keine so
großen Probleme.

Weihachten ist für immer noch verbunden mit meinen frühen Erinnerungen an die Festtage in Berlin und
im Haus in Urfeld. Und auch daran, wie glücklich wir
»vier Corinther« dann waren. Weihnachten am Walchensee war etwas ganz Besonderes. So wie man es sich
wünscht und von den Postkarten her kennt: Schnee und
Berge, weißgezuckerte Bäume. Aus Berlin brachten

wir die feinen Zutaten für unser Festessen mit, wirklich herrliche Delikatessen. Aber da war vor allem auch das köstliche Weihnachtsgebäck und die berühmten Dresdner Christstollen. Zwei riesengroße Exemplare waren es immer, die wir mit nach Urfeld schleppten. Und dann eine große Marzipantorte, die mein Vater jedes Jahr von einem Verehrer aus Königsberg zugeschickt bekam. Sie hat eine Geschichte: Corinth hat sie gemalt, in zwei Versionen. Das letzte Bild ist Weihnachten 1924, ein Jahr vor seinem Tod entstanden. Die *Königsberger Marzipantorte* gehört heute dem Landesmuseum in Münster. Was ihren Verzehr betraf, so gab es ein Ritual: Wir aßen sie nach dem Abendessen, manchmal aber auch zum Kaffee am Nachmittag.

Zum Weihnachtsfest fällt mir noch etwas anderes ein. Es war 1922, ich war dreizehn Jahre alt, und unsere Lehrerin in der Schule zeigte uns, wie man ein Buch selbst binden könne. Wir waren von dieser Idee begeistert, zumal sie uns damit die Möglichkeit aufzeigte, hübsche Weihnachtsgeschenke für unsere Eltern und Geschwister anzufertigen. Wir kauften billige Bücher, entfernten den Originaleinband, nahmen das Buch auseinander und lernten so, wie man die einzelnen Schichten Papier mit der Hand zusammennäht, dann klebt, schließlich den Rücken und den Deckel bastelt. Für all das hatten wir eine Handbuchpresse zur Verfügung, wie zu Gutenbergs Zeiten. Für den Einband benutzten wir ganz feines, zartes Juchtenleder, für das wir unser Taschengeld opferten, oder auch selbstgebatiktes Papier. Ich war sehr stolz auf meine Arbeit und nahm die Geschenke für die Eltern nach Urfeld mit. Am Heiligen Abend überreichte ich meiner Mutter einen in grünem Leder eingebundenen

Band von Hauffs Märchen. Sie hatte mir viele seiner Märchen erzählt.

Meinem Vater aber übergab ich sehr sinnig ein von mir in selbstgebatiktes Papier eingebundenes Skizzenbuch. Dabei hoffte ich, daß er es wirklich benutzen und nicht einfach verlegen würde, was ich fast befürchtete. Ich wollte einfach nur, daß mein Geschenk von ihm gewürdigt wurde. Aber Lovis dachte ganz anders darüber. Er benutzte dieses Skizzenbuch auf die entzükkendste und liebevollste Weise, die ein Vater seiner kleinen Tochter nur zeigen kann. Damals vermochte ich das, was er da tat, in seiner ganzen Tiefe nicht zu erfassen. Mir hat die Bastelarbeit einfach nur großen Spaß gemacht. Ich habe lange das Skizzenbuch nicht beachtet. Vor zwei Jahren fiel es mir wieder in die Hände. Und als ich darin blätterte, ergriff mich eine große Liebe zu meinem Vater, der mir in den Kindertagen immer etwas fremd geblieben ist. War er doch so ganz anders als die Väter meiner Mitschüler, einfach großartiger, mit besonderen Kräften. Das fühlte ich immer. Ihm zuliebe nahmen Thomas und ich uns oft zusammen, waren nicht laut, brüllten nicht herum. Wir verhielten uns still, weil wir wußten, daß er in diesem Punkt sehr empfindlich war. – Äußerlich sah das Skizzenbuch nicht mehr schön aus. Es hatte in den Jahren gelitten. Das Papier hat die leuchtenden Farben verloren, es ist braun und schrumpelig, an manchen Stellen eingerissen. Das Skizzenbuch lag viele, viele Jahre vergessen zwischen anderen Arbeiten Corinths. Als ich es entdeckte, hatte ich keine Ahnung mehr, um was es sich handelte. Ich drehte und wendete es, wunderte mich nur, wie häßlich es war, schließlich zupfte ich zögernd die Bänder auf. Dann sah ich die erste Seite, und hielt den Atem an. Langsam kam die Erinnerung an dieses Kindergeschenk von mir an den Vater zurück. Ich blätterte weiter. Innen ist das Zeichenpapier noch genauso fest und gut wie damals. Als ich die Zeichnungen betrachtete, war ich gerührt. Als wäre es erst gestern gewesen, zogen diese frohen Kindertage an mir vorüber. Ich sah den Vater hier oder dort auf der Terrasse vorm Haus stehen, immer bei der Arbeit, die Staffelei vor sich, den Pinsel in der Hand, oder eine schwere Kupferplatte mit der linken Hand gegen die Brust gepreßt, in der rechten den scharfen Stift. Ich sah ihn auf der Kanzel, so nannten wir ein Grundstück, das von uns weiter entfernt, eine noch bessere Aussicht zuließ. Da stand er oft und ließ den Blick prüfend über See und Berge schweifen. Sicher dachte er bei solchen Gelegenheiten schon wieder an das nächste Bild. Meine Mutter, Lovis' Petermann, war ein niemals wankender Halt. Lovis wußte genau wie wir, daß ihre Heiterkeit nichts trüben konnte, daß sie für jeden von uns einen Zuspruch parat hatte, wenn wir ihn brauchten. Hatte sie doch dieses Haus in Urfeld nur für ihn gebaut, damit er die Landschaft Bayerns, den See, das Gebirge, in ihrer ständig wechselnden Schönheit verewigen konnte.

In jenem Winter, als er von mir das Skizzenbuch zu Weihnachten bekam, entstand eine Folge von zehn Radierungen: Der Walchensee.

Für uns Kinder war der Winter in Urfeld mindestens genauso schön wie der Sommer. Gleich hinter unserer Gartentüre führte der Weg hinauf zum Herzogstand. Wenn ich daran denke, höre ich noch unser fröhliches Lachen, sehe uns vergnügt im Schnee den steilen Abschneider hinaufkraxeln. Der große Bruder Thomas forsch voran, ich mühsam folgend. Endlich oben angelangt, setzten wir uns auf die Schlitten, die wir mit uns heraufgezogen hatten und schossen in rasender Fahrt in einer Viertelstunde hinunter. Zwei Stunden hatten wir uns hinaufgequält. Es waren glückliche Tage.

Und mein Vater hat sie auf diesen Seiten eines Kindergeschenkes festgehalten. Er hat sie unsterblich gemacht. Zum Inhalt des Skizzenbuches: die erste Seite widmete er mir, schrieb »Weihnachten 1922« – Meiner Wilhelmine«. Ein Lebensalter, mein Lebensalter liegt dazwischen. Es war völlig Lovis' Idee, die folgenden Seiten mit Menschen, Tieren und Erlebnissen zu füllen, die während dieser Winterwochen in Urfeld unsere Tage belebten. Er hielt unser tägliches Familienleben mit den kleinen Späßen und Spielen fest, die aus Schach-, Mühle- oder Kartenspielen um Pfennige bestanden. Jedes unserer Tiere ist auf diesen Seiten vertreten. Moro, der treue Airdale-Terrier, der in einer extra für ihn gezimmerten Kiste von Berlin nach Urfeld mit uns gereist war. Er beherrschte ein Kunststück. Als wir ihn kauften, hatte uns sein früherer Herr gezeigt, was er konnte. Man hieß ihn sitzen, legte ein Stück Zucker auf seine Nase und sagte: »Es gingen drei Jäger wohl auf die Pirsch, sie wollten erjagen den weißen Hirsch, piff, paff, puff!« Dann schnappte Moro das Stück Zucker. Wir wurden nicht müde, das Tier mit diesem Spiel zu beglücken. Und auch Lovis sah sich das schmunzelnd an. Er liebte Tiere. Und sie suchten zutraulich seine Nähe. Ich bin noch heute ganz stolz auf ein Foto, das ich als kleines Mädchen in Urfeld gemacht habe. Lovis sitzt auf der Terrasse vor dem Haus, zwei junge Katzen ruhen auf seiner Schulter und in seinem Arm und fühlen sich so richtig geborgen. Dieses Foto war übrigens in vielen bedeutenden Kunstzeitschriften veröffentlicht.

Walter Benjamin
Ein Weihnachtsengel

Mit den Tannenbäumen begann es. Eines Morgens, als wir zur Schule gingen, hafteten an den Straßenecken die grünen Siegel, die die Stadt wie ein großes Weihnachtspaket an hundert Ecken und Kanten zu sichern schienen. Dann barst sie eines schönen Tages dennoch, und Spielzeug, Nüsse, Stroh und Baumschmuck quollen aus ihrem Innern: der Weihnachtsmarkt. Mit ihnen aber quoll noch etwas anderes hervor: die Armut. Wie nämlich Äpfel und Nüsse mit ein wenig Schaumgold neben dem Marzipan sich auf dem Weihnachtsteller zeigen durften, so auch die armen Leute mit Lametta und bunten Kerzen in den besseren Vierteln. Die Reichen aber schickten ihre Kinder vor, um denen der Armen wollene Schäfchen abzukaufen oder Almosen auszuteilen, die sie selbst vor Scham nicht über ihre Hände brachten. Inzwischen stand bereits auf der Veranda der Baum, den meine Mutter insgeheim gekauft und über die Hintertreppe in die Wohnung hatte bringen lassen. Und wunderbarer als alles, was das Kerzenlicht ihm gab, war, wie das nahe Fest in seine Zweige mit jedem Tage dichter sich verspann. In den Höfen begannen die Leierkasten die letzte Frist mit Chorälen zu dehnen. Endlich war sie dennoch verstrichen und einer jener Tage wieder das, an deren frühesten ich mich hier erinnere.

In meinem Zimmer wartete ich, bis es sechs werden wollte. Kein Fest des späteren Lebens kennt diese Stunde, die wie ein Pfeil im Herzen des Tages zittert.

Es war schon dunkel; trotzdem entzündete ich nicht die Lampe, um den Blick nicht von den Fenstern überm Hof zu wenden, hinter denen nun die ersten Kerzen zu sehen waren. Es war von allen Augenblikken, die das Dasein des Weihnachtsbaumes hat, der bänglichste, indem er Nadeln und Geäst dem Dunkel opfert, um nichts zu sein als nur ein unnahbares und doch nahes Sternbild im trüben Fenster einer Hinterwohnung. Doch wie ein solches Sternbild hin und wieder eins der verlassenen Fenster begnadete, indessen viele weiter dunkel blieben und andere noch trauriger im Gaslicht der frühen Abende verkümmerten, schien mir, daß diese weihnachtlichen Fenster die Einsamkeit, das Alter und das Darben – all das, wovon die armen Leute schwiegen – in sich faßten.

Dann fiel mir wieder die Bescherung ein, die meine Eltern eben rüsteten. Kaum aber hatte ich so schweren Herzens, wie nur die Nähe eines sichern Glücks es macht, mich von dem Fenster abgewandt, so spürte ich eine fremde Gegenwart im Raum. Es war nichts als ein Wind, so daß die Worte, die sich auf meinen Lippen bildeten, wie Falten waren, die ein träges Segel plötzlich vor einer frischen Brise wirft: »Alle Jahre wieder, kommt das Christuskind, auf die Erde nieder, wo wir Menschen sind« – mit diesen Worten hatte sich der Engel, der in ihnen begonnen hatte, sich zu bilden, auch verflüchtigt. Doch nicht mehr lange blieb ich im leeren Zimmer. Man rief mich in das gegenüberliegende, in dem der Baum nun in die Glorie eingegangen war, welche ihn mir entfremdete, bis er, des Untersatzes beraubt, im Schnee verschüttet oder im Regen glänzend, das Fest da entdete, wo es ein Leierkasten begonnen hatte.

Thomas Mann
An seine Tochter Erika

München den 23.XII.26
Poschingerstraße 1

Liebes Erikind,
für all Deine Lieb' und Treu' muß ich Dir doch danken und Dir einen Weihnachtsbrief schreiben, auch für die Negerplatte als Zeichen der Treuherzigkeit, obgleich sie, wie ich Dir leider, leider gestehen muß, mittendurchgebrochen angekommen ist. Aber die Kinderplättchen sind heil und die Süßigkeiten sehr erquicklich, Ingwerschokolade, wie Feigen.

Wir wollen nur hoffen, daß es mit unserm Schnaps nicht gegangen ist wie mit eurer Platte; denn dann hätte es übel auch um die anderen Sächelchen in Mieleins Paket ausgesehen. Die rohen Transporteure werfen so schnöde mit den Sendungen herum. Deinen Dankesbrief für die Ges. Werke habe ich kaum verdient, denn es war Mielein, die sie bei Fischer für Dich bestellt hat, und natürlich waren auch sie als Weihnachtsgabe gedacht, so daß der G. G. (ich hoffe, er hat Augen gemacht angesichts seines Schlafrocks!) sie Dir eigentlich vorläufig hätte sperren und Dir erst morgen abend aufbauen sollen. Und nun hast Du schon im voraus Tränen darüber gelacht. Was mir ja aber nun auch wieder nicht unlieb ist.

Für Mielein habe ich eine schöne Handtasche, eine Armbanduhr aus weißem Golde, Murano-Vasen, warm gefütterte Handschuhe und eine Taschenlaterne zum Beleuchten der Kleinen zu später Stunde, ohne daß Kürzl erwacht. Die Empfängerin dieser Gaben hetzt seit einigen Tagen rastlos durch Straßen und Geschäfte, denn für viele gibt es vieles zu besorgen, was sie ja auch genau im voraus wußte, ohne sich dadurch zu rechtzeitigem Beginn der Arbeit bestimmen zu lassen. Sie wird morgen abend wohl erschöpft bis aufs Letzte sein, aber wir freuen uns doch alle sehr auf das Fest, das sogar besonders geselligen Charakter anzunehmen verspricht. Außer alten Fays und Babüschleins werden auch wohl Fränkchens zum Essen (mit Truthahn und Sekt) kommen, noch dazu mit ihrem Freunde Speyer, der sonst einsam wäre.

Ich bin recht froh, daß ich wieder schreibe. Man fühlt sich eigentlich doch nur und weiß nur etwas von sich, wenn man etwas macht. Die Zwischenzeiten sind greulich. Der Joseph wächst Blatt für Blatt, wenn es vorläufig auch nur eine Art von essayistischer oder humoristisch-pseudowissenschaftlicher Fundamentlegung ist, womit ich mich amüsiere. Denn Spaß macht mir die Sache mehr, als je etwas anderes. Es ist einmal etwas Neues und auch geistig Merkwürdiges, indem Bedeuten und Sein, Mythos und Wirklichkeit diesen Leuten beständig ineinander gehen, und Joseph eine Art von mythischem Hochstapler ist.

Auch tue ich etwas für meine Jahre und empfange jeden zweiten Morgen in der Frühe Herrn Silberhorn, den Masseur und Turnmeister (von Lampé empfohlen), der mich unter anderem 40 Mal hüpfen läßt und mich schließlich mit Kölnischem Wasser abreibt. Im Auto fährt er vor und nimmt 8 Mark für sein jedesmaliges Werk, der Spitzbube. Aber er war ja Hauptmann im Kriege, und Gustl Waldau massiert er auch.

Nun genug, meine Kleine. Wir sollen uns heute Abend den »Gneisenau« betrachten, ein lächerliches Ansinnen, dem wir aber nachkommen. Dir, Deinem braven Mann und dem Eissiknaben recht frohe Festtage!

Z.

Wolfdietrich Schnurre
Die Leihgabe

Am meisten hat Vater sich jedesmal zu Weihnachten Mühe gegeben. Da fiel es uns allerdings auch besonders schwer, drüber wegzukommen, daß wir arbeitslos waren. Andere Feiertage, die beging man oder man beging sie nicht; aber auf Weihnachten lebte man zu, und war es erst da, dann hielt man es fest; und die Schaufenster, die brachten es ja oft noch nicht mal im Januar fertig, sich von ihren Schokoladenweihnachtsmännern zu trennen. Mir hatten es vor allem immer die Zweige und Kasperles angetan. War Vater dabei, sah ich weg; aber das fiel meist mehr auf, als wenn man hingesehen hätte; und so fing ich dann allmählich doch wieder an, in die Läden zu gucken. Vater war auch nicht gerade unempfindlich gegen die Schaufensterauslagen, er konnte sich nur besser beherrschen. Weihnachten, sagte er, wäre das Fest der Freude; das Entscheidende wäre jetzt nämlich: nicht traurig zu sein, auch dann nicht, wenn man kein Geld hätte.

»Die meisten Leute«, sagte Vater »sind bloß am ersten und zweiten Feiertag fröhlich und vielleicht nachher zu Silvester noch mal. Das genügt aber nicht; man muß mindestens schon einen Monat vorher mit Fröhlichsein anfangen. Zu Silvester«, sagte Vater, »da kannst du dann getrost wieder traurig sein; denn es ist nie schön, wenn ein Jahr einfach so weggeht. Nur jetzt, so vor Weihnachten, da ist es unangebracht, traurig zu sein.« Vater selber gab sich auch immer große Mühe, nicht traurig zu sein um diese Zeit; doch er hatte es aus irgendeinem Grund da schwerer als ich; wahrscheinlich deshalb, weil er keinen Vater mehr hatte, der ihm dasselbe sagen konnte, was er mir immer sagte.

Es wäre bestimmt auch alles leichter gewesen, hätte Vater noch seine Stelle gehabt. Er hätte jetzt sogar wieder als Hilfspräparator gearbeitet; aber sie brauchten keine Hilfspräparatoren im Augenblick. Der Direktor hatte gesagt, aufhalten im Museum könnte Vater sich gern, aber mit Arbeit müßte er warten, bis bessere Zeiten kämen.

»Und wann, meinen Sie ist das?« hatte Vater gefragt.

»Ich möchte Ihnen nicht weh tun«, hatte der Direktor gesagt.

Frieda hatte mehr Glück gehabt; sie war in einer Großdestille am Alexanderplatz als Küchenhilfe eingestellt worden und war dort auch gleich in Logis. Uns war es ganz angenehm, nicht dauernd mit ihr zusammenzusein; sie war jetzt, wo wir uns nur mittags und abends mal sahen, viel netter.

Aber im Grunde lebten auch wir nicht schlecht. Denn Frieda versorgte uns reichlich mit Essen, und war es zu Hause zu kalt, dann gingen wir ins Museum rüber; und wenn wir uns alles angesehen hatten, lehnten wir uns unter dem Dinosauriergerippe an die Heizung, sahen aus dem Fenster oder fingen mit dem Museumswärter ein Gespräch über Kaninchenzucht an.

An sich war das Jahr also durchaus dazu angetan, in Ruhe und Beschaulichkeit zu Ende gebracht zu werden. Wenn Vater sich nur nicht solche Sorge um einen Weihnachtsbaum gemacht hätte.

Es kam ganz plötzlich.

Wir hatten eben Frieda aus der Destille abgeholt und sie nach Hause gebracht und uns hingelegt, da klappte Vater den Band *Brehms Tierleben* zu, in dem er

abends immer noch las, und fragte zu mir rüber:
»Schläfst du schon?«

»Nein«, sagte ich, denn es war zu kalt zum Schlafen.

»Mir fällt eben ein«, sagte Vater, »wir brauchen ja einen Weihnachtsbaum.« Er machte eine Pause und wartete meine Antwort ab.

»Findest du?« sagte ich.

»Ja«, sagte Vater, »und zwar so einen richtigen, schönen; nicht so einen murkeligen, der schon umkippt, wenn man bloß mal eine Walnuß dranhängt.«

Bei dem Wort Walnuß richtete ich mich auf. Ob man nicht vielleicht auch ein paar Lebkuchen kriegen könnte zum Dranhängen?

Vater räusperte sich. »Gott –« sagte er, »warum nicht; mal mit Frieda reden.«

»Vielleicht«, sagte ich, »kennt Frieda auch gleich jemand, der uns einen Baum schenkt.«

Vater bezweifelte das. Außerdem: So einen Baum, wie er ihn sich vorstellte, den verschenkt niemand, der wäre ein Reichtum, ein Schatz wäre der.

Ob er vielleicht eine Mark wert wäre, fragte ich.

»Eine Mark –?!« Vater blies verächtlich die Luft durch die Nase: »Mindestens zwei.«

»Und wo gibt's ihn?«

»Siehst du«, sagte Vater, »das überleg' ich auch gerade.«

»Aber wir können ihn doch gar nicht kaufen«, sagte ich; »zwei Mark: wo willst du die denn jetzt hernehmen?«

Vater hob die Petroleumlampe auf und sah sich im Zimmer um. Ich wußte, er überlegte, ob sich vielleicht noch was ins Leihhaus bringen ließe; es war aber schon alles drin, sogar das Grammophon, bei dem ich so geheult hatte, als der Kerl hinter dem Gitter mit ihm weggeschlurft war.

Vater stellte die Lampe wieder zurück und räusperte sich. »Schlaf erst mal; ich werde mir den Fall durch den Kopf gehen lassen.«

In der nächsten Zeit drückten wir uns bloß immer an den Weihnachtsbaumverkaufsständen herum. Baum auf Baum bekam Beine und lief weg; aber wir hatten noch immer keinen.

»Ob man nicht doch –?« fragte ich am fünften Tag, als wir gerade wieder im Museum unter dem Dinosauriergerippe an der Heizung lehnten.

»Ob man was?« fragte Vater scharf.

»Ich meine, ob man nicht doch versuchen sollte, einen gewöhnlichen Baum zu kriegen?«

»Bist du verrückt?!« Vater war empört. »Vielleicht so einen Kohlstrunk, bei dem man nachher nicht weiß, soll es ein Handfeger oder eine Zahnbürste sein? Kommt gar nicht in Frage.«

Doch was half es; Weihnachten kam näher und näher. Anfangs waren die Christbaumwälder in den Straßen noch aufgefüllt worden; aber allmählich lichteten sie sich, und eines Nachmittags waren wir Zeuge, wie der fetteste Christbaumverkäufer vom Alex, der Kraftriemen-Jimmy, sein letztes Bäumchen, ein wahres Streichholz von einem Baum, für drei Mark fünfzig verkaufte, aufs Geld spuckte, sich aufs Rad schwang und wegfuhr.

Nun fingen wir doch an, traurig zu werden. Nicht schlimm; aber immerhin, es genügte, daß Frieda die Brauen noch mehr zusammenzog, als sie es sonst zu tun pflegte, und daß sie uns fragte, was wir denn hätten.

Wir hatten uns zwar daran gewöhnt, unseren Kummer für uns zu behalten, doch diesmal machten wir eine Ausnahme, und Vater erzählte es ihr.

Frieda hörte aufmerksam zu. »Das ist alles?« Wir nickten. »Ihr seid aber komisch«, sagte Frieda; »wieso geht ihr denn nicht einfach in den Grunewald einen klauen?«

Ich habe Vater schon häufig empört gesehen, aber so empört wie an diesem Abend noch nie.

Er war kreidebleich geworden. »Ist das dein Ernst?« fragte er heiser.

Frieda war sehr erstaunt. »Logisch«, sagte sie; »das machen doch alle.«

»Alle –!« echote Vater dumpf, »alle –!« Er erhob sich steif und nahm mich bei der Hand.

»Du gestattest wohl«, sagte er darauf zu Frieda, »daß ich erst den Jungen nach Hause bringe, ehe ich dir hierauf die gebührende Antwort erteile.«

Er hat sie ihr niemals erteilt. Frieda war vernünftig; sie tat so, als ginge sie auf Vaters Zimperlichkeit ein, und am nächsten Tag entschuldigte sie sich. Doch was nützte das alles; einen Baum, gar einen Staatsbaum, wie Vater ihn sich vorstellte, hatten wir deshalb noch lange nicht.

Aber dann – es war der dreiundzwanzigste Dezember, und wir hatten eben wieder unseren Stammplatz unter dem Dinosauriergerippe bezogen – hatte Vater die große Erleuchtung.

»Haben Sie eine Spaten?« fragte er den Museumswärter, der neben uns auf seinem Klappstuhl eingenickt war.

»Was?!« rief der und fuhr auf, »was habe ich?!«

»Einen Spaten, Mann«, sagte Vater ungeduldig; »ob Sie einen Spaten haben.«

Ja, den hätte er schon.

Ich sah unsicher an Vater empor. Er sah jedoch leidlich normal aus; nur sein Blick schien mir eine Spur unsteter zu sein als sonst.

»Gut«, sagte er jetzt; »wir kommen heute mit Ihnen nach Hause und Sie borgen ihn uns.«

Was er vorhatte, erfuhr ich erst in der Nacht.

»Los«, sagte Vater und schüttelte mich, »steh auf!«

Ich kroch schlaftrunken über das Bettgitter. »Was ist denn bloß los!«

»Paß auf«, sagte Vater und blieb vor mir stehen: »Einen Baum stehlen, das ist gemein; aber sich einen borgen, das geht.«

»Borgen –?« fragte ich blinzelnd.

»Ja«, sagte Vater. »Wir gehen jetzt in den Friedrichshain und graben eine Blautanne aus. Zu Hause stellen wir sie in die Wanne mit Wasser, feiern morgen dann Weihnachten mit ihr, und nachher pflanzen wir sie wieder am selben Platz ein. Na –?« Er sah mich durchdringend an.

»Eine wunderbare Idee«, sagte ich.

Summend und pfeifend gingen wir los; Vater den Spaten auf dem Rücken, ich einen Sack unter dem Arm. Hin und wieder hörte Vater auf zu pfeifen, und wir sangen zweistimmig »Morgen, Kinder, wird's was geben« und »Vom Himmel hoch, da komm' ich her«. Wie immer bei solchen Liedern, hatte Vater Tränen in den Augen, und auch mir war schon ganz feierlich zumute.

Dann tauchte vor uns der Friedrichshain auf, und wir schwiegen.

Die Blautanne, auf die Vater es abgesehen hatte, stand inmitten eines strohgedeckten Rosenrondells. Sie war gut anderthalb Meter hoch und ein Muster an ebenmäßigem Wuchs.

Da der Boden nur dicht unter der Oberfläche gefroren war, dauerte es auch gar nicht lange, und Vater hatte die Wurzeln freigelegt. Behutsam kippten wir den Baum darauf um, schoben ihn mit den Wurzeln in den Sack, Vater hängte seine Joppe über das Ende, das raussah, wir schippten das Loch zu, Stroh wurde darüber gestreut, Vater lud sich den Baum auf die Schulter, und wir gingen nach Hause.

Hier füllten wir die große Zinkwanne mit Wasser und stellten den Baum rein.

Als ich am nächsten Morgen aufwachte, waren Vater und Frieda schon dabei, ihn zu schmücken. Er war jetzt mit Hilfe einer Schnur an der Decke befestigt, und Frieda hatte aus Stanniolpapier allerlei Sterne geschnitten, die sie an seinen Zweigen aufhängte; sie sahen sehr hübsch aus. Auch einige Lebkuchenmänner sah ich hängen.

Ich wollte den beiden den Spaß nicht verderben; daher tat ich so, als schliefe ich noch. Dabei überlegte ich mir, wie ich mich für ihre Nettigkeit revanchieren könnte.

Schließlich fiel es mir ein: Vater hatte sich einen Weihnachtsbaum geborgt, warum sollte ich es nicht fertigbringen, mir über die Feiertage unser verpfändetes Grammophon auszuleihen? Ich tat so, als wachte ich eben erst auf, bejubelte vorschriftsmäßig den Baum, und dann zog ich mich an und ging los.

Der Pfandleiher war ein furchtbarer Mensch; schon als wir zum erstenmal bei ihm gewesen waren und Vater ihm seinen Mantel gegeben hatte, hätte ich dem Kerl sonst was zufügen mögen; aber jetzt mußte man freundlich zu ihm sein.

Ich gab mir auch große Mühe. Ich erzählte ihm was

von zwei Großmüttern und »gerade zu Weihnachten« und »letzter Freude auf alte Tage« und so, und plötzlich holte der Pfandleiher aus und haute mir eine herunter und sagte ganz ruhig:

»Wie oft du sonst schwindelst, ist mir egal; aber zu Weihnachten wird die Wahrheit gesagt, verstanden?«

Darauf schlurfte er in den Nebenraum und brachte das Grammophon an. »Aber wehe, ihr macht was an ihm kaputt! Und nur für drei Tage! Und auch bloß, weil du's bist!« Ich machte einen Diener, daß ich mir fast die Stirn an der Kniescheibe stieß; dann nahm ich den Kasten unter den einen, den Trichter unter den anderen Arm und rannte nach Hause.

Ich versteckte beides erst mal in der Waschküche. Frieda allerdings mußte ich einweihen, denn die hatte die Platten; aber Frieda hielt dicht.

Mittags hatte uns Friedas Chef, der Destillenwirt, eingeladen. Es gab eine tadellose Nudelsuppe, anschließend Kartoffelbrei mit Gänseklein. Wir aßen, bis wir uns kaum noch erkannten; darauf gingen wir, um Kohlen zu sparen, noch ein bißchen ins Museum zum Dinosauriergerippe; und am Nachmittag kam Frieda und holte uns ab.

Zu Hause wurde geheizt. Dann packte Frieda eine Riesenschüssel voll übriggebliebenem Gänseklein, drei Flaschen Rotwein und einen Quadrameter Bienenstich aus, Vater legte für mich seinen Band *Brehms Tierleben* auf den Tisch, und im nächsten unbewachten Augenblick lief ich in die Waschküche runter, holte das Grammophon rauf und sagte Vater, er sollte sich umdrehen.

Er gehorchte auch; Frieda legte die Platten raus und steckte die Lichter an, und ich machte den Trichter fest und zog das Grammophon auf.

»Kann ich mich umdrehen?« fragte Vater, der es nicht mehr aushielt, als Frieda das Licht ausgeknipst hatte.

»Moment«, sagte ich; »dieser verdammte Trichter – denkst du, ich krieg' das Ding fest?«

Frieda hüstelte.

»Was denn für ein Trichter?« fragte Vater

Aber da ging es schon los. Es war »Ihr Kinderlein kommet«; es knarrte zwar etwas, und die Platte hatte wohl auch einen Sprung, aber das machte nichts. Frieda und ich sangen mit, und da drehte Vater sich um. Er schluckte erst und zupfte sich an der Nase, aber dann räusperte er sich und sang auch mit.

Als die Platte zu Ende war, schüttelten wir uns die Hände, und ich erzählte Vater, wie ich das mit dem Grammophon gemacht hätte.

Er war begeistert. »Na –?«, sagte er nur immer wieder zu Frieda und nickte dabei zu mir rüber: »Na –?«

Es wurde ein schöner Weihnachtsabend. Erst sangen und spielten wir die Platten durch; dann spielten wir sie noch mal ohne Gesang; dann sang Frieda noch mal alle Platten allein; dann sang sie mit Vater noch mal, und dann aßen wir und tranken den Wein aus, und darauf machten wir noch ein bißchen Musik; und dann brachten wir Frieda nach Hause und legten uns auch hin.

Am nächsten Morgen blieb der Baum noch aufgeputzt stehen. Ich durfte liegenbleiben, und Vater machte den ganzen Tag Grammophonmusik und pfiff die zweite Stimme dazu.

Dann, in der folgenden Nacht, nahmen wir den Baum aus der Wanne, steckten ihn, noch mit den Stanniolpapiersternen geschmückt, in den Sack und brachten ihn zurück in den Friedrichshain.

Hier pflanzten wir ihn wieder in sein Rosenrondell. Darauf traten wir die Erde fest und gingen nach Hause. Am Morgen brachte ich dann auch das Grammophon weg. Den Baum haben wir noch häufig besucht; er ist wieder angewachsen. Die Stanniolpapiersterne hingen noch eine ganze Weile in seinen Zweigen, einige sogar bis in den Frühling.

Vor ein paar Monaten habe ich mir den Baum wieder mal angesehen. Er ist gute zwei Stock hoch und hat den Umfang eines mittleren Fabrikschornsteins. Es mutet merkwürdig an, sich vorzustellen, daß wir ihn mal zu Gast in unserer Wohnküche hatten.

Robert Walser
Eine Weihnachtsgeschichte

Indem ich herumstand, weil ich nicht heimgehen mochte, fiel mir ein, ich könnte zum Herrn gehen, der nicht besucht sein wollte. Ich hatte ihn neulich in einer Gesellschaft kennengelernt. Er galt als Unikum und war um seiner Einsilbigkeit und Unverblümtheit willen teils beliebt, teils gefürchtet. Manche sprachen mit Hochachtung von ihm. Weniger hoch war sein Ansehen bei den Damen, denn er stand im Rufe, ein unverbesserlicher Junggeselle zu sein. Die ihn schätzten, lächelten, wenn von ihm die Rede war, so gut wie die, die ihn minder werthielten. Das Lächeln hatte jeweilen seine besondere Bedeutung. Ich hielt ihn beinahe für einen jener Eidgenossen, die gegen den Herzog von Burgund zu Felde zogen.

Als ich bei ihm anklopfte, kam mir der Gedanke, daß ich ihm wahrscheinlich lästig falle. Das »Herein« klang recht mürrisch, als wünsche es den Anklopfer und Besuchabstatter quasi zum Kuckuck. »Ich störe wohl«, sagte ich treuherzig beim Eintritt in eine große, helle Studierstube. Der Empfänger unerwünschten Besuches sagte kurz und bündig: »Ohne Frage.« Er war, wie gesagt, wegen seiner Offenheit berühmt, galt in gewissen Kreisen als schroff und bekam zu spüren, wie ungern man sich genötigt fühlte, ihn zu respektieren.

»Was wollen Sie bei mir? Setzen Sie sich«, wurde in rauher Tonart gesagt. Es war, als rede ein Bär oder ein Mensch aus der Eiszeit, eine Art Australier. Hinter einer Brille leuchteten große, kluge Augen. Ich nahm Platz, da mir das befohlen worden war. In bezug auf die

Frage, was ich bei ihm wolle, war ich einigermaßen in Zweifel.

»Ich will nicht viel«, erlaubte ich mir zu sagen. »So? So?« machte er. »Sie kommen also nur her, um herzukommen, und werden fortgehen, um wegzugehen. Sonstige Absichten haben Sie nicht. Das ist allerdings wenig, und Sie haben recht, wenn Sie sagen, Sie wollten nicht viel. Übrigens freut mich Ihr Besuch, der freilich so gut wie zwecklos scheint.«

Ich schwieg, und der andere tat das nämliche; folglich herrschte beiderseits ein vielsagendes Schweigen. Von Zeit zu Zeit schaute einer den andern so zwecklos wie möglich an. Der Philosoph seinerseits gähnte. Ich bewunderte die offene Nichtachtung dessen, was sich schickte. Für einen Mann von Verdienst schickt sich's sehr, nicht ganz schicklich, sondern eher das Gegenteil zu sein. Geschwiegen und betrachtet wurde gegenseitig tapfer. Seine Zunge schien vom Schlag befallen zu sein, die meinige nicht weniger.

»Mach doch bald, daß du fortkommst«, sprachen die Augen und die Miene des Forschers aufs ungenierteste. Ich wagte weder zu bleiben noch zu marschieren. Als ich abzumarschieren beabsichtigte, blieb ich sitzen, und als ich sitzen zu bleiben dachte, fiel mir ein, es wäre vorzüglich, wenn ich Reißaus nähme, aber ich nahm nicht im mindesten Reißaus, sondern saß lieber wie auf glühenden Kohlen.

Ob ich ihm etwas zu sagen habe? – Herzlich wenig! – Nun, so möchte ich das Winzige bald von Stapel laufen lassen. – Diese Worte wurden bloß – gedacht! Das Gespräch war stumm, mithin die Unterhaltung denkbar monoton. »So lauf doch davon«, rief ich mir zu, klebte jedoch am Stuhl fest oder war angenagelt, was

115

ein fraglos bedauerlicher Übelstand war, dem dadurch abzuhelfen gewesen wäre, daß ich mich losriß; aber ich legte Tollkühnheit und Todesverachtung an den Tag und blieb liegen, will sagen sitzen. Die Situation war in hohem Grade drollig, falls nicht etwa schon eher scheußlich.

Ein Wort gibt das andere, pflegt man zu sagen. Hier war das nicht der Fall, weil überhaupt kein Wort fiel. Endlich sah ich ein, daß es undenkbar sei, mich noch fernerhin an ihn anzuklammern. So leid es mir tat, ergriff ich den Hut; nein, ich hatte den Hut schon längst ergriffen; denn ich hatte ja längst fortgehen wollen. Jetzt aber stand ich in der Tat auf; das Aufstehen war an sich eine merkenswerte Leistung, und das Fortfliegen war für beide eine Erlösung.

Der Empfänger meinte sagen zu müssen: »Ihr werter Besuch war für mich die schönste Abwechslung. Ich fühle mich durch die originelle, reizvolle Art, wie Sie für Unterhaltung zu sorgen liebten, höchlich erquickt. Grundsätzlich freue ich mich, daß der Entschluß in Ihnen reif wurde, mich allein zu lassen und sich in Entfernung zu begeben.« – »Ich kann mir lebhaft vorstellen«, sagte ich, »wie lieb es Ihnen sein muß, daß ich aufbreche und abfahre. Gerne sei gestanden, ich sähe ein, daß ich das schon längst hätte tun sollen.«

Wir lachten uns beide fröhlich an und gingen; der eine zur Türe hinaus, der andere vergnügt im Zimmer herum. »Zu diesem geh' ich bestimmt nie wieder«, war des einen, nämlich mein, und: »Der kommt hoffentlich nicht nochmal«, des andern Gedanke. Hieraus ergibt sich, daß wir prächtig zusammen übereinstimmten.

Draußen schämte ich mich. Derart also ging ich von Menschen fort. Es war mir halb lach-, halb scherzhaft zumut. Es schneite, und durch das liebe dichte Schneien klangen die Abendglocken. Die Stadt war wie ein Märchen. So süß, so weich flog es herab, das wirbelnde Gewimmel. Eine Schneeflocke fiel mir auf den Mund, als fliege mir ein Kuß zu. Hut und Mantel waren bald schneeweiß, wie alles, was umherlag und -ging. In all der Lautlosigkeit leuchteten Lichter. Es war mir, als könne es jetzt nur schöne Heimstätten und liebe Leute und allerlei frohen Mut und freundliche Reden und ein unsägliches Wohlsein auf der Welt geben.

Der Gelehrte sähe jetzt sicher vom Fenster aus das heimelige Schneien. Ob er sich auch so freue? Sicher auch! Kein Mensch konnte sich über etwas so Schönes nicht freuen. Jeder, der es sah, fand es schön.

Jetzt war ich Vater von mehreren Kindern und zugleich selber noch wieder ein Kind. Ich war die Mutter, die ihr liebes Kind herzt, und zugleich das Kind, das noch nicht reden kann. Ich besaß in Gedanken ein Haus. Ein Hund wachte davor, und eine muntere Frau wartete auf den guten Mann, und mein Knabe saß am Tisch und erledigte die Schulaufgaben. »Schneien«, dachte ich, »versetzt mich in ein glückliches Bürgertum und Familienleben. Unwillkürlich esse ich Mandeln, Orangen und Datteln und höre das Geknister von Weihnachtskerzen, die den Tannenzweig anbrennen, und habe allen lieben Festzeitsduft vor mir und wäre mit Freuden ein braver Mann, einer aus ganzem Schrot und Korn. Wie soll ich jetzt zu mir heimzugehen wagen, wo nichts Trauliches ist? Wer sich einschneien ließe und im Schnee begraben läge und sanft verendete. Hübsch ist zwar das Leben auch mit kargen Aussichten.«

Ich hätte mich zu Boden setzen und warten mögen, bis ich schlafe. Ich nahm mir vor, über den Schnee etwas

zu schreiben. Das sollte mir auch im Gedicht von Flok-
ken wimmeln, wie hier in der Natur, und ein Sehnen
zum Ausdruck kommen, wie ich es hier empfand, wo
ich im Schnee watete und schier kleben blieb, ähnlich
wie beim Professor, worüber ich jetzt errötete und
wahrscheinlich noch lange zu lachen hätte.

Zur Festzeit ist wohl schon viel gelacht, aber sicher
auch schon viel geweint worden, weil sich leicht ein
Weh ins Herz schleicht und Menschen sich in Gedanken in alles liebliche Vergangene zurückversetzen und
Wunden aufbrechen. Dann ist's mit der Fröhlichkeit
vorbei, und es werden Schmerzen heraufgezaubert;
und das ist's ja, was die Innigkeit ausmacht. Gott, mach
mit uns Menschen, was du willst. Alles ist gut und
gerecht, was du beschließest.

Gottfried Benn
Brief an einen Freund

An F. W. Oelze

15/XII 40.

Lieber Herr Oelze,
Dank für Rücksendung des Briefes! Vielleicht interessiert es Sie zu hören, daß er den größten Eindruck gemacht hat u. den höchsten Generälen zugeleitet wurde: eine etwas originale u. nicht kommissige Ansicht! Hoffentlich nützt er den armen Hinterbliebenen u. sie erhalten nun wenigstens etwas Versorgung u. Rente.

Hinsichtlich der Beförderung ist es dann so, wie Sie schreiben. Z. V. Offiziere, die »Lauen«, müssen 10 Monate dabei gewesen sein. Aber das ist doch für Sie bald soweit?

Waren Sie nicht in Stargard, wo doch vergangene Woche der große Lehrgang für die Herren Stalag- usw. Offiziere war?

Das Bild des kämpfenden Giganten vom Nordfries ist wunderbar! Ungeheuer differenziert in Ausdruck u. Haltung. Ich will Weihnachten hingehn u. ihn betrachten. Wenn ein Sieg wirklich ein Sieg ist, nicht nur ein technischer Zufall infolge gezogener Vorderladerkanonen gegenüber glatten Geschützrohren, wenn hinter ihm die Notwendigkeit der menschlichen Idee steht, zeichnet er bestimmt die gleichen unauslöschlichen Male des Geistigen in die Antlitze und körperlichen Gefüge wie die Niederlage; alles, wenn es tief ist, sucht und findet den Geist u. ist »immerfort dasselbe«.

Und nun zu der größten Überraschung: 2 Flaschen Rum vom Bremer Rumkontor! Herr Oelze! Wärme, Mittelpunkt für den fastenden u. frierenden Leib! Haupt- u. Herzenskohlenbecken für den auf kalten irdischen Gegenständen elmsfeuerhaft zerflatternden, sammlungsunfähig gewordenen Gemütszustand! Ich sehe die zarte Röte der Flamingos wieder am Saum der Dinge; eine Mandelblüte über der dunklen Erde der Welt! Dem Fakir dessen – Verneigung und Dank!

Und »Heiligabend« werden Sie in Schleswig sein? Bedauern Sie es? Es kann ganz schön sein, stelle ich mir vor. An solchem Abend das Meer sehn, wäre vielleicht ein Eindruck. Auch hier Gemeinschaftsfeier! 50 Kuchenmarken hat jeder abzuliefern u. ein Geschenk im Preise von 1 M. Sie können sich denken, wie freudig erregt ich schon bin in der Erwartung, was ich erhalten werde. Tausend Grüße und Dank!

Herzlich Ihr Benn.

Käthe Kollwitz
Weihnachtsbriefe an die Kinder

Berlin, 23. Dezember 1914

Lieber Junge – gestern abend – sehr verspätet kam endlich Vater an. Ich wartete wohl über eine Stunde und unterdes kamen und gingen Züge und überall Soldaten. An wieviel Abschiednehmen und wunderschönes Abholen dachte ich da.

Vater brachte gute Nachricht. O Junge – wie froh wär ich, könntest Du noch zum Nachurlaub kommen. Unmöglich ist es ja nicht. Vater gab mir Deinen Brief. Nein Hans, das Schicksal hat Deine Stellung nicht angenommen. Du sollst – Du *darfst* noch leben. Lieber Sohn, wie hoffe ich, daß das wahr ist was ich jetzt sage und daß Du auch gern leben wirst.

Du schreibst »sei nicht traurig«. Nein mein lieber Junge, ich fühle mich so zusammen mit Euch. Gewiß ich weinte als ich Dein Lied an Deinen Bruder las. Aber nicht alles Weinen ist »ein Schwert, das durch die Seele bohrt«.

Ja wie eine Kerze, die so anders brennt wie sonst Licht, die still und feierlich leuchtet ist auch mir das Denken an Peter. Er ist da, wir sind zusammen diese stille Weihnacht wir vier von einem Band umschlossen.

Mein Junge – ich sage wie Du zu mir – *gute* Weihnacht und festen Händedruck.

Deine Mutter

Walter Meier telephonierte an, Krems kommt Weihnachten nach Berlin, alle 3 werden nach Neujahr aber erst zur Garnison – dienstfähig geschrieben.

Ich schicke Dir das Geduldspiel und den Weihnachtssimplicissimus, sie sind heute abgegangen.
Leb wohl, leb wohl.

Nordhausen, 1. Weihnachts-Feiertag 1943

Ihr Lieben! So liegt der gefürchtete Heiligabend hinter mir und hinter Euch. Er gestaltete sich für mich viel leichter als ich gefürchtet und erwartet hatte. Schon am Abend vorher gab es etwas Schönes, indem ...[?] ein selbstgedichtetes Weihnachtsspiel mit einigen Kindern aufführte. Um Verlierung ins Uferlose zu umgehen, hatte Katta ihnen noch beigestanden. Zuschauer waren nur wir aus dem Hause und ein paar Kinder. Das Ganze blieb in dem naiven durchaus kindlichen Rahmen, in dem Eure Kinderstücke verliefen, hieß das eine nicht Krambambuli, in dem Hanna so gut das Kind spielt, das den Mord in der Nebenstube ahnte?

Jedenfalls konnte ich den Weihnachtsabend überstehen ohne die andern zu stören, die so liebevoll, so reizend darauf bedacht waren einem Freude zu machen. Und die Kinder taten natürlich das Ihrige mit ihrem Jubel und ihrer Festfreude. Und Ihr? Schreibt mir ein paar Worte! Ich mußte so an Peter denken, als er Conrad Ferdinand Meyer aufsagte mit den Schlußworten:

Und ein königlich Geschlecht
Wächst heran von freien Söhnen
Dessen helle Tuben dröhnen:
Friede, Friede auf der Erde!
– – –

Lieber Hans, daß ich nun für Dich *gar nichts* hatte,
war mir doch schmerzlich! Die Sammlung »Lichten-
rade« die für Euch bereit liegt könnt Ihr jetzt ja auch
nicht bei Euch haben.

Ottilie, Du schenkst mir Deine große Stranddistel,
ein wundervolles Blatt, das ich einfach *meisterhaft* nennen muß. Ich danke Dir so sehr dafür.

Daß die Aufnahmen von den Kindern, die Du mir
noch schicken möchtest, einstweilen zurückgehalten
werden, ist sehr gut. [...]

Jetzt, Du lieber Hans dank ich Dir noch für das
Fallada-Buch! Ich habe hier in Schreibmaschine ein
mich höchst interessierendes spätes Tagebuch einer
frühen Reise von dem Architekten Barning gelesen,
gewidmet seinem Vater und seinem Sohn Peter, der
kurz vor Euerm Peter fiel. Über dieses Buch wollte ich
Euch nochmal ausführlich schreiben, es gefiel mir so
gut, daß ich bitten wollte, es bei seiner Herausgabe für
mich zu belegen, um es Euch zu schenken. Jetzt
schreibt mir Försters Frau, daß in Leipzig der Insel
Verlag zertrümmert ist und die ganzen Setzstöcke zer-
stört.

Das wäre nun für heut alles, laßt mich bald über
Euern Heiligabend etwas wissen und seid alle umfaßt in
meiner Liebe.

Die Eure

Clara, Lise, Katta, Margret grüßen

Moritzburg, Dezember 1944
Zu Weihnachten 1944

Ihr meine geliebten Kinder

Seid von Herzen gegrüßt zum Weihnachtsfest. Ich habe es Euern beiden von Herzen gewünscht daß ihr Wunsch nach einem Christbäumchen in Erfüllung ginge, ihretwegen. Aber da war nun nichts zu machen. Der Prinz will gern alles mögliche schießen aber an ein eigenes Christbäumchen will er nicht heran. Und so muß es bleiben.

Die Erinnerung an Euer Weihnachtsfest gehören zum Schönsten, was ich – mit Vater – erlebt habe.

Wenn Ottilie sich an das Klavier setzte und die Händchen von Eurem Kleinen vor ihr auf den Tasten lagen.

Und Du lieber Junge, sangst: Gottes Sohn – Gottes Sohn.

Und Ihr noch vollzählig wart – welch ein Glück war das. Da nahm das Fest gar kein Ende.

Jetzt ist alles so anders – so viel schwerer. An Frauchen will ich gar nicht denken.

Aber daß ich hier Eure Zwillinge habe, ist mir eine solche Freude und wer weiß, ob ich nicht auch noch Arne hier sehe wenn Euch die Reise hierher auch unendlich scheint. Aber daran will ich noch gar nicht denken.

Will Euch aus tiefstem Herzen Dank sagen für alles was Ihr uns gegeben habt.

Seid gegrüßt Ihr geliebten Kinder
von eurer alten Mutter

Erich Kästner
Weihnachtsschwarzmarkt in Berlin

E s ist so kalt, daß den Berlinern die Tränen kommen.
Auf den Perrons der Stadtbahnhöfe treten die Wartenden hastig in den Windschatten der Zeitungskioske.
Zwölf Grad unter Null sind kein Spaß. Der Sturm fegt
eisig um die Ecken. Er pfeift durch hunderttausend leere
Fensterhöhlen. Es klappert und klirrt und scheppert. Das
ist die atonale, die hochmoderne Ruinenmusik. Auch
wer zu Hause, bei Stromsperre, hinterm kalten Ofen
sitzt, kann mithören. Die Übertragung ist vorzüglich.
Das Konzert ist gratis. Es kostet nur Nerven. Alles, was
Zähne hat, darf mitklappern.

Auf dem Weihnachtsmarkt am Lustgarten, wo's bei
der bösen Kälte gewiß recht einsam und leer sein wird,
gehen heute, das weiß ich, mindestens fünfundzwanzig
fröstelnde Männer und Frauen spazieren. Nicht aus
weihnachtlichem Übermut, bewahre. Es sind die vom
Preisamt Berlin-Mitte ausgesandten ehrenamtlichen
Prüfer und Prüferinnen, die nach Preisverstößen fahn-
den. Den Karussellbesitzern ist man schon auf der Spur.
Es ist festgestellt worden, daß »die Preise für das Ka-
russellfahren (50 Pfennig mindestens) viel zu hoch
sind; dabei werden für diese hohen Preise nur vielleicht
drei Runden zurückgelegt, gegenüber acht bis elf
Runden in früheren Zeiten, in denen höchstens 20
Pfennig für eine solche Fahrt verlangt wurden«.

Das ist schlimm. Nicht so sehr für die Berliner Kinder. Denn wenn's so kalt bleibt, werden die Eltern mit
ihnen sowieso nicht bis zum Lustgarten, dem Tummel-
platz des Preisamts Mitte, wandern. Sondern für die

Karussellbesitzer selber. Bei so hohen Preisen und so wenig Runden pro Person und Fahrt büßen sie ja doch, falls niemand kommt, viel mehr Geld ein, als sie schicklicherweise, wie in früheren Zeiten, für zwanzig Pfennig acht bis elf Runden lieferten. Das haben sie nun davon.

Wenn's nicht so kalt wäre, hätte ich nicht übel Lust, den Weihnachtsmarkt zu besuchen, um den fünfundzwanzig ehrenamtlichen Prüfern und Prüferinnen zuzuschauen, wie sie, ernsten Auges, mit roten Nasen, Teufelsrad fahren und – die Sache will's in den Luftschaukeln grimmig dahinschweben und die Runden zählen. »Der Gewerbe-Außendienst führt außerdem eine Sonderkontrolle auf dem Weihnachtsmarkt durch«, berichten die Zeitungen. Die Sonderkontrolleure vom Gewerbe-Außendienst reiten also, zur Drehorgelmusik, auf Hirschen und Tigern und kritzeln hierbei die Preisverstöße ins verbeulte Notizbuch ... welch ein Beispiel schöner und äußerster Pflichterfüllung!

Rupprecht ante portas. Weihnachten steht vor der Tür, durch deren Ritzen der Winter die Kälte und die Not in die Wohnungen fädelt. Weihnachten steht vor der Tür. – Sollen wir's wirklich hereinbitten? An den Ofen ohne Kohle, unter die Lampe ohne Licht, an den Tisch ohne Gaben? Nun, der Mensch bedenkt sich, wie man weiß, nicht lange. Im Bösen nie. Und zuweilen nicht einmal im Guten. Er geht zur Tür, vor welcher Weihnachten steht, öffnet sie weit und ruft unter Tränen lächelnd: »Herein. Wir freuen uns, daß Sie gekommen sind. Und noch dazu so pünktlich.«

Man will und wird Weihnachten feiern. Trotz allem. Mit zusammengebissenen Zähnen, ohne Rücksicht auf

126

Verluste. Man wird einander beschenken. Auch wenn man nichts hat. Auch wenn es nichts gibt. Windschiefe Puppen kann man kaufen. Sie sind aus alten Soldatenmänteln und Strumpfresten zusammengeschustert, nein geschneidert. Parfüm steht in den Schaufenstern, bunt, in hübschen Flakons. Zu häßlichen Preisen. Reizende Lampenschirme locken das Auge. Glühbirnen, Schnur und Stecker sind allerdings nicht dabei. Aber waren wir nicht früher schon der Meinung, daß praktische Geschenke nicht halb so viel Vergnügen machen? Drum auf, Freunde, beglückt einander mit handgemalten Stehlampen ohne Birnen. Da habt ihr endlich einmal was Unpraktisches. Oder wie wär's mit einer Nofretete aus echtem Gips? Ein findiger Mann hat die Schaufenster der Stadt mit der holden ägyptischen Königin förmlich überschwemmt. Wird sie sich nicht trefflich daheim ausnehmen? Wenn sie den dunklen Rätselblick durchs Fenster, an der wehenden Pappe vorbei, auf euer malerisches Trümmergegenüber richtet? Oder wollt ihr etwas noch Schöneres, noch Sinnigeres überreichen? In der Zeitung steht: »Dein geeignetes Weihnachtsgeschenk ist eine Groß- oder Klein-Lebensversicherung mit voller Auszahlung im Todes- und Erlebensfalle. Erhöhte Leistung bei Unfalltod.« Wie wär's? Vielleicht in einer samtschwarzen Geschenkpackung? Ich wüßte auch eine passende Zeile drauf. Im Krieg kursierte der Reim: »Praktisch denken, Särge schenken.« Das wäre doch eine geeignete Inschrift, nein?

Wem diese Musterkollektion entzückender Geschenke trotz allem nicht zusagen sollte, der muß ein paar Buden weitergehen. Vom Weihnachtsmarkt weg. Am Schwarzen Markt vorbei. Zum Schwarzen Weihnachtsmarkt hinüber. Ich weiß nicht genau, wo er liegt. Aber man braucht nur zu fragen. Die Berliner sind höflich. Und es kennt ihn ja jeder. Nur, tu Geld in deinen Beutel. Und wenn du kein Geld hast, womöglich nicht mal einen Beutel, dann schenk das letzte her, was dir geblieben ist: das letzte Lächeln, den letzten kräftigen Händedruck, das letzte gute Wort. Heraus damit. Weihnachten steht vor der Tür. Wir wollen ein Fest feiern, und ein Schelm gibt mehr, als er hat.

Hermann Hesse
Weihnacht mit zwei Kindergeschichten

Als unser kleines stilles Christfest beendet war, noch vor zehn Uhr am Abend des 24. Dezember, war ich müde genug, um mich auf Nacht und Bett und vor allem darauf zu freuen, daß nun zwei ganze Tage ohne Post und ohne Zeitung vor uns lagen. Unsere große Wohnstube, die sogenannte Bibliothek, sah ebenso unordentlich und abgekämpft aus wie unser Inneres, aber viel heiterer, denn obwohl wir nur zu dreien gefeiert hatten: Hausherr, Hausfrau und Köchin, gaben doch das Tannenbäumchen mit den herabgebrannten Kerzen, das Durcheinander von farbigen, goldenen und silbernen Papieren und Bändern und auf den Tischen die Blumen, die übereinander geschichteten neuen Bücher, die teils straff teils müde und halb eingesunken an die Vasen gelehnten Malereien, Aquarelle, Steinzeichnungen, Holzschnitte, Kindermalereien und Photographien der Stube eine ungewohnte und festliche Überfülltheit und Bewegtheit, etwas von Jahrmarkt und etwas von Schatzkammer, einen Hauch von Leben und von Unsinn, von Kinderei und Spielerei. Und dazu kam die Luft, die mit Düften ebenso ungeordnet und übermütig beladene Luft mit dem Neben- und Ineinander von Harz, Wachs, Verbranntem, von Backwerk, Wein, Blumen. Des weitern stauten sich im Raume und in der Stunde, wie es alten Leuten zukommt, die Bilder, Klänge und Düfte von vielen, sehr vielen Festen vergangener Jahre, siebzig und mehr Male hatte seit dem ersten großen Erlebnis die Weihnacht mich wieder besucht, und waren es bei meiner Frau manche Jahre

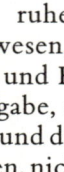

und Christfeste weniger, so war bei ihr dafür die Fremde, die Ferne und Erloschenheit und Unwiederbringlichkeit der Heimat und Geborgenheit noch größer als bei mir. War in den letzten angestrengten Tagen das Schenken und Packen, Beschenktwerden und Auspacken, das Sichbesinnen auf echte und unechte Verpflichtungen (die sich für Vernachlässigung oft unerbittlicher rächen als jene) und die ganze etwas überhitzte und überhetzte Betriebsamkeit einer Weihnachtszeit in unserem ruhelosen Zeitalter schon schwer zu bewältigen gewesen, so war diese Wiederbegegnung mit den Jahren und Festen vieler Jahrzehnte eine noch strengere Aufgabe, doch war es wenigstens eine echte und sinnvolle, und die echten und sinnvollen Aufgaben haben den Segen, nicht nur zu fordern und zu zehren, sondern auch zu helfen und zu stärken. Zumal in einer aufgelösten, am Mangel an Sinn erkrankten und hinsterbenden Zivilisation gibt es ja für den Einzelnen wie für die Gemeinschaften kein anderes Heil- und Nahrungsmittel, keine andere Kraftquelle fürs Weiterleben, als die Begegnung mit dem, was allem zum Trotz unserem Sein und Tun Sinn gibt und uns rechtfertigt. Und bei der Erinnerung an die Feste und Zusammenhänge eines ganzen Lebens, dem Lauschen auf Klänge und Regungen der Seele bis in die farbige Wildnis der Kindheit zurück, dem Blicken in geliebte längst erloschene Augen erweist sich eben doch das Vorhandensein eines Sinnes, einer Einheit, einer geheimen Mitte, um die wir, bald wissend, bald unwissend, lebenslang gekreist sind. Von den wachs- und honigduftenden frommen Christfesten der Kindheit, in einer, wie es schien, noch heilen, vor Zerstörung sicheren, an ihre Zerstörungsmöglichkeit nicht glaubenden Welt, über alle Wandlungen, Krisen, Erschütterungen und Wiederbesinnungen unseres privaten Lebens wie unserer Epoche hinweg hat sich in uns ein Kern erhalten, ein Sinn, eine Gnade, nicht an irgendein Dogma der Kirchen oder der Wissenschaften, sondern an das Vorhandensein einer Mitte, um die auch ein gefährdetes und gestörtes Leben sich stets aufs neue ordnen kann, ein Glaube an die Erreichbarkeit Gottes von eben diesem innersten Kern unseres Wesens aus, an die Koinzidenz dieses Zentrums mit der Gegenwart Gottes. Wo er gegenwärtig ist, mag ja auch das Häßliche und scheinbar Sinnlose ertragen werden, denn für ihn ist nirgends Erscheinung und Sinn getrennt, für ihn ist alles Sinn.

Das Bäumchen stand schon lange dunkel und ein wenig dumm auf seinem Tischchen, es brannte seit einer Weile das nüchterne elektrische Licht wie an jedem Abend, da wurden wir vor den Fenstern einer anderen Art von Helligkeit gewahr. Der Tag war wechselnd klar und verhangen gewesen, an den Hängen der Berge jenseits des Seetals standen zuweilen lang hingezogene, schmale weiße Wolken, alle in derselben Höhe, sie hatten fest und unbeweglich geschienen und waren doch, sooft man wieder hinaussah, verschwunden oder umgebaut gewesen, und beim Zunachten hatte es ausgesehen, als würden wir die Nacht über ohne Himmel sein und im Nebel stecken. Aber während wir mit unserer Feier, unserem Baum und seinen Kerzen, unseren Geschenken und den immer dichter kommenden Erinnerungen beschäftigt gewesen waren, hatte sich draußen mancherlei zugetragen und abgespielt. Als wir das gespürt und unser Stubenlicht gelöscht hatten, fanden wir draußen in der großen Stille eine überaus schöne, geheimnisvolle Welt liegen. Das schmale Tal zu unseren Füßen war mit Nebel angefüllt, auf dessen Oberfläche ein bleiches, aber starkes Licht spielte. Über diesem Nebelballen stiegen die beschneiten Hügel und Berge hinan, alle im selben gleichmäßigen, verteilten, aber starken Lichte stehend, und auf die weißen Tafeln waren überall die kahlen Bäume und Wälder und die schneefreien Felsgestaltungen wie mit spitzer Feder gekritzelte Buchstaben hingeschrieben, stumme, viele verschweigende Hieroglyphen und Arabesken. Oben aber über alledem wogte mit dem Vollmond durchschienenen Wolkengewimmel weiß und opalglänzend ein gewaltiger Himmel, unruhig wallend und vom Licht des vollen Mondes beherrscht, der zwischen den geisterhaft sich lösenden und wieder dichtenden Schleiern verschwand und erschien, und wenn er ein freies Stück Himmel erkämpfte, sahen wir ihn umgeben von elbisch kühlen, irisierenden Mondregenbogen, deren gleißend gleitende Farbenfolge sich in den Rändern durchschienener Wolken wiederholte. Perlig und milchig rann und rieselte das köstliche Licht durch den Himmel, glänzte schwächer unten im Nebel wider, wogte im Schwellen und Schwinden wie in lebendigen Atemzügen. Ehe ich zu Bett ging, die Lampe brannte wieder, warf ich noch einen Blick auf meinen Gabentisch, und wie Kinder am Christabend ein paar von ihren Geschenken mit ins Schlafzimmer und womöglich mit ins Bett nehmen, nahm ich mir auch etwas mit, um es vor dem Schlafen noch ein wenig bei mir zu haben und zu betrachten. Es waren die Gaben meiner Enkelkinder: von Sibylle, der Jüngsten, ein Staublappen, von Simeli eine kleine Zeichnung, ein Bauernhaus mit einem Sternhimmel darüber, von Christine zwei farbige Illustrationen zu meiner Erzählung vom Wolf, ein kraftvoll hingehauenes Gemälde von Eva und von ihrem zehnjährigen Bruder Silver ein mit seines Vaters Maschine geschriebener Brief. Ich nahm die Sachen mit ins Atelier hinüber, wo ich Silvers Brief noch einmal las, dann ließ ich sie liegen und stieg, mit schwerer Müdigkeit kämpfend, die Treppe zu meinem Schlafzimmer hinauf. Doch konnte ich noch lange Zeit nicht einschlafen, die Erlebnisse und Bilder des Abends hielten mich wach, und die nicht abzuwehrenden Reihen von Vorstellungen endeten jedesmal mit dem Brief meines Enkels, der so lautete:

Lieber Nonno! Ich will dir jetzt eine kleine Geschichte schreiben. Sie heißt: Für den lieben Gott. Paul war ein frommer Knabe. Er hatte in der Schule schon so viel vom lieben Gott gehört. Er wollte ihm jetzt auch einmal etwas schenken. Paul schaute alle seine Spielsachen an, aber alles gefiel ihm nicht. Da kam Pauls Geburtstag. Er bekam viele Spielsachen, darunter sah er einen Taler. Da rief er: Den schenke ich dem lieben Gott. Paul sagte: Ich gehe hinaus auf das Feld, dort habe ich einen schönen Platz, da wird ihn der liebe Gott sehen und ihn holen. Paul ging auf das Feld. Als Paul im Feld war, sah er ein altes Mütterlein, das mußte sich stützen. Er wurde traurig, und gab ihr den Taler. Paul sagte: Eigentlich war er für den lieben Gott. Viele Grüße von Silver Hesse.

An jenem Abend gelang es mir nicht mehr, die Erinnerung heraufzubeschwören, an die meines Enkels Erzählung mich mahnte. Erst anderen Tages fand sie sich von selber ein. Ich erinnerte mich: in meiner Knabenzeit, im selben Alter, in dem jetzt mein Enkel stand, zehnjährig also, hatte ich auch einmal eine Geschichte geschrieben, um sie meiner jüngeren Schwester zum Geburtstag zu schenken, es war außer einigen Knabenversen die einzige Dichtung, vielmehr der einzige dichterische Versuch aus meiner Kinderzeit, der erhalten geblieben ist. Ich selbst hatte viele Jahrzehnte nichts mehr von ihm gewußt, vor einigen Jahren aber war, ich weiß nicht mehr bei welchem Anlaß, dieser kindliche Versuch wieder zu mir zurückgekehrt, durch die Hand einer meiner Schwestern vermutlich. Und obwohl ich mich seiner nur noch undeutlich erinnern konnte, schien mir doch, er habe irgendeine Ähnlichkeit oder Verwandtschaft mit der Geschichte, die mein Enkel mehr als sechzig Jahre später für mich verfaßt hatte. Aber wenn ich auch bestimmt wußte, daß meine Kindergeschichte in meinem Besitz sei, wie sollte ich sie finden? Überall vollgestopfte Schubladen, gebündelte Mappen und Briefhaufen mit Aufschriften, die nicht mehr stimmten oder nicht mehr leserlich waren, überall beschriebenes und bedrucktes Papier aus Jahren und Jahrzehnten her, aufbewahrt, weil man sich zum Wegwerfen nicht hatte entschließen können, aufbewahrt aus Pietät, aus Gewissenhaftigkeit, aus Mangel an Schneid und Entschlußkraft, aus Überschätzung des Geschriebenen, das einmal »wertvolles Material« für irgendwelche neue Arbeiten abgeben könnte, aufbewahrt und eingesargt, wie einsame alte Damen Kasten und Dachböden voll Schachteln und Schächtelchen mit Briefen, gepreßten Blumen, abgeschnittenen Kinderlöckchen aufbewahren. Unendlich vieles sammelt sich, auch wenn man das Jahr hindurch Zentner von Papier verbrennt, um einen Literaten an, der nur selten den Wohnort gewechselt hat und in die Jahre gekommen ist.

Aber ich hatte mich nun in den Wunsch festgebissen, jene Erzählung wiederzusehen, sei es auch nur, um sie mit der meines gleichaltrigen Kollegen Silver zu vergleichen oder sie vielleicht abzuschreiben und ihm als Gegengabe zu schicken. Ich plagte mich und plagte meine Frau damit einen ganzen Tag, und wirklich fand ich das Ding schließlich am unwahrscheinlichsten Platz. Die Geschichte ist im Jahre 1887 in Calw geschrieben und heißt:

Die beiden Brüder

für Marulla

Es war einmal ein Vater, der hatte zwei Söhne. Der eine war schön und stark, der andere klein und verkrüppelt, darum verachtete der Große den Kleinen. Das gefiel dem Jüngeren nun gar nicht, und er beschloß, in die weite, weite Welt zu wandern. Als er eine Strecke weit gegangen war, begegnete ihm ein Fuhrmann, und als er den fragte, wohin er fahre, sagte der Fuhrmann, er müsse den Zwergen ihre Schätze in einen Glasberg führen. Der Kleine fragte ihn, was der Lohn sei. Er bekam die Antwort, er bekomme als Lohn einige Diamanten. Da wollte der Kleine auch gern zu den Zwergen gehen. Darum fragte er den Fuhrmann, ob er glaube, daß die Zwerge ihn aufnehmen wollten. Der Fuhrmann sagte, das wisse er nicht, aber er nahm den Kleinen mit sich. Endlich kamen sie an den Glasberg, und der Aufseher der Zwerge belohnte den Fuhrmann reichlich für seine Mühe und entließ ihn. Da bemerkte er den Kleinen und fragte ihn, was er wolle. Der Kleine sagte ihm alles. Der Zwerg sagte, er solle ihm nur nachgehen. Die Zwerge nahmen ihn gern auf, und er führte ein herrliches Leben.

Nun wollen wir auch nach dem anderen Bruder sehen. Diesem ging es lang daheim sehr gut. Aber als er älter wurde, kam er zum Militär und mußte in den Krieg. Er wurde am rechten Arm verwundet und mußte betteln. So kam der Arme auch einmal an den Glasberg und sah einen Krüppel dastehen, ahnte aber nicht, daß es sein Bruder sei. Der aber erkannte ihn gleich und fragte ihn, was er wolle. »O mein Herr, ich bin an jeder Brotrinde froh, so hungrig bin ich.« »Komm mit mir«, sagte der Kleine, und ging in eine Höhle, deren Wände von lauter Diamanten glitzerten. »Du kannst dir davon eine Handvoll nehmen, wenn du die Steine ohne Hilfe herunterbringst«, sagte der Krüppel. Der Bettler versuchte nun mit seiner einen gesunden Hand etwas von den Diamantenfelsen loszumachen, aber es ging natürlich nicht. Da sagte der Kleine: »Du hast vielleicht einen Bruder, ich erlaube dir, daß er dir hilft.« Da fing der Bettler an zu weinen und sagte: »Wohl hatte ich einst einen Bruder, klein und verwachsen, wie Sie, aber so gutmütig und freundlich, er hätte mir gewiß geholfen, aber ich habe ihn lieblos von mir gestoßen, und ich weiß schon lange nichts mehr von ihm.« Da sagte der Kleine: »Ich bin ja dein Kleiner, du sollst keine Not leiden, bleib bei mir.«

Daß zwischen meiner Märchenerzählung und der meines Enkels und Kollegen eine Ähnlichkeit oder Verwandtschaft bestehe, ist wohl kein Irrtum des Großvaters. Ein Durchschnitts-Psychologe würde die beiden kindlichen Versuche etwa dahin deuten: jeder der beiden Erzähler sei natürlich mit dem Helden seiner Geschichte zu identifizieren, und es erdichte sich sowohl der fromme Knabe Paul wie der kleine Krüppel eine doppelte Wunscherfüllung, nämlich zunächst ein massives Beschenktwerden, sei es mit Spielzeug und Taler oder mit einem ganzen Berg voll Edelsteinen und einem geborgenen Leben bei Zwergen, bei seinesgleichen also, fern von den Großen, Erwachsenen, Normalen. Darüber hinaus aber erdichtet jeder der Märchenerzähler sich auch noch einen moralischen Ruhm, eine Tugendkrone, denn mitleidig gibt er seinen Schatz dem Armen hin (was in Wirklichkeit weder der zehnjährige Alte noch der zehnjährige Junge getan hätte). Das mag wohl stimmen, ich habe nichts dagegen. Aber es scheint mir auch, daß die Wunscherfüllung sich im Bereich des Imaginären und Spielerischen vollziehe, wenigstens kann ich von mir sagen, daß ich im Alter von zehn Jahren weder Kapitalist noch Juwelenhändler war und bestimmt noch niemals mit Wissen einen Diamanten gesehen hatte. Dagegen waren manche Grimmsche Märchen und war vielleicht auch Aladin mit der Wunderlampe mir schon bekannt, und der Edelsteinberg war für das Kind weniger eine Vorstellung von Reichtum als ein Traum von unerhörter Schönheit und Zaubermacht. Und eigentümlich kam mir auch diesmal vor, daß in meinem Märchen kein lieber Gott vorkommt, obwohl er für mich vermutlich selbstverständlicher und realer war als für den Enkel, der erst »in der Schule« auf ihn neugierig geworder war.

Schade, daß das Leben so kurz und so sehr mit aktuellen, scheinbar wichtigen und unumgänglichen Pflichten und Aufgaben überstopft ist; manchmal wagt man des Morgens ja kaum das Bett zu verlassen, weil man weiß, daß der große Schreibtisch noch übervoll von Unerledigtem liegt und tagsüber die Post den Haufen

137

noch zweimal erhöhen wird. Sonst wäre mit den beiden Kindermanuskripten noch manches amüsante und nachdenkliche Spiel zu treiben. Mir schiene zum Beispiel nichts spannender als eine vergleichende Untersuchung von Stil und Syntax in den beiden Versuchen. Aber für so hübsche Spiele ist nun einmal unser Leben nicht lang genug. Auch wäre es am Ende nicht angezeigt, den um dreiundsechzig Jahre jüngeren von den beiden Autoren durch Analyse und Kritik, durch Anerkennung oder Tadel vielleicht in seiner Entwicklung zu beeinflussen. Denn aus ihm kann unter Umständen ja noch etwas werden, nicht aber aus dem Alten.

Autoren- und Quellenverzeichnis

Bettina von Arnim (1785–1859)
Bescherung*, aus: Werke, 7 Bände. Hrsg. von W. Vehlke. 1920–1922

Walter Benjamin (1892–1940)
Ein Weihnachtsengel, aus: Über Kindheit, Jugend und Erziehung.
© Suhrkamp Verlag, Frankfurt am Main 1961

Gottfried Benn (1886–1956)
Brief an einen Freund*, aus: Briefe: Band I: Briefe an F.W. Oelze.
1932–1945. Hrsg v. Harald Steinhagen/Jürgen Schröder. Vorw. v. F. W.
Oelze. © Klett-Cotta, Stuttgart 1977

Matthias Claudius (1740–1815)
Weihnachtsgaben*, aus: Briefe. Hrsg. von Hans Jessen und Ernst
Schröder, Berlin 1940

Wilhelmine Corinth (geb. 1909, Tochter des Malers Lovis Corinth)
Weihnachten bei den Corinthern*, aus: Ich habe einen Lovis, keinen
Vater... © Langen Müller Verlag in der F.A. Herbig Verlagsbuchhand-
lung GmbH, München.

Annette von Droste-Hülshoff (1797–1848)
Weihnachtsbriefe, aus: Sämtliche Briefe. © Max Niemeyer Verlag,
Tübingen 1987–1993

Hans Fallada (1893–1947)
Weihnachten damals bei uns daheim, aus: Hans Fallada, Damals bei
uns daheim. © Aufbau-Verlag Berlin GmbH 1994

Theodor Fontane (1819–1898)
Weihnachten 1851*, aus: Heiteres Darüberstehen Hrsg. von Friedrich Fontane. Berlin 1937

Johann Wolfgang von Goethe (1749–1832)
Christtag früh*, aus: Gedenkausgabe der Werke, Briefe, Gespräche.
Hrsg. von E. Beutler, Zürich 1951

Heinrich Heine (1799–1856)
Brief im Dezember, aus: Heinrich Heine. Briefe. Mainz 1950

Hermann Hesse (1877–1962)
Weihnacht mit zwei Kindergeschichten, aus: Gesammelte Werke,
Band 8; Weihnacht, aus: Gesammelte Werke, Band 10. (Diesem Text
entstammt das Zitat aus dem Buchumschlag.)
© Suhrkamp Verlag, Frankfurt am Main 1970

Erich Kästner (1899–1974)
Weihnachtsschwarzmarkt in Berlin, aus: Kästner für Erwachsene.
Hrsg. von Rudolf Walter Leonhardt. © Atrium Verlag, Zürich 1966

Käthe Kollwitz (1867–1945)
Briefe an die Kinder*, aus: Briefe an den Sohn. Hrsg. von Jutta
Bohnke-Kollwitz. © Siedler Verlag, Berlin 1992

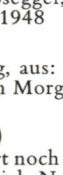

Thomas Mann (1875–1955)
An seine Tochter Erika, aus: Thomas Mann, Briefe 1889–1936.
© S. Fischer Verlag, Frankfurt am Main 1961

Adelheid Mommsen (1869–1953)
Weihnachten bei Theodor Mommsen, aus: Adelheid Mommsen, Mein Vater. Erinnerungen an Theodor Mommsen. © Matthes & Seitz Verlag, München 1992

Friedrich Nietzsche (1844–1900)
Weihnachtsfreuden, aus: Briefe, 5 Bände. Nietzsche-Archiv, Weimar 1904–1909

Fritz Th. Overbeck (1898–1983)
Weihnachten*, aus: Eine Kindheit in Worpswede. Hamburg 1983
© Gertrud Overbeck, Bremen

Rainer Maria Rilke (1875–1926)
Weihnachten in Rom*, aus: Briefe. Hrsg. vom Rilke Archiv in Weimar. Frankfurt 1950

Peter Rosegger (1843–1918)
Mein lieber Gustl!*, aus: Peter Rosegger, Das Leben in seinen Briefen. Hrsg. v. Otto Janda. Graz/Köln 1948

Caroline Schlegel (1763–1809)
An Friedrich Wilhelm Schelling, aus: »Lieber Freund, ich komme weit her schon an diesem frühen Morgen«. Briefe. Hrsg. von Sigrid Damm. Leipzig 1979

Wolfdietrich Schnurre (1920–1989)
Die Leihgabe, aus: Als Vaters Bart noch rot war. Die Originalausgabe erschien 1958 bei Die Arche, Zürich. Neuausgabe © 1996 Berlin Verlag, Berlin

Julius Stinde (1841–1905)
Der Weihnachtsmarkt, aus: Die Familie Buchholz. Berlin 1884/85

Theodor Storm (1817–1888)
An Gottfried Keller, aus: Der Briefwechsel zwischen Theodor Storm und Gottfried Keller. Hrsg. von Peter Goldammer. Berlin 1960

Ludwig Tieck (1773–1883)
Weihnachtsabend, aus: Gesammelte Novellen, Band 5, Berlin 1855

Robert Walser (1878–1956)
Eine Weihnachtsgeschichte, aus: Robert Walser, Das Gesamtwerk, Band 9. © Suhrkamp Verlag Zürich/Frankfurt am Main 1978, mit Genehmigung der Inhaberin der Rechte, der Carl Seelig-Stiftung, Zürich

* Titel von der Herausgeberin